Partyküche
mit dem Thermomix®

Hinweise

Die Rezepte aus diesem Buch sind im Auftrag des Verlags für die Herstellung im Thermomix® TM5 entwickelt worden. Alle Rezepte wurden von den Autoren und dem Verlag mit größtmöglicher Sorgfalt und nach aktuellem Wissensstand erstellt und geprüft. Dennoch erfolgen alle Angaben ohne Gewähr. Weder Verlag und Autoren noch Vorwerk haften für eventuelle Nachteile und Schäden, die aus den im Buch gemachten praktischen Hinweisen resultieren. Thermomix® ist ein eingetragenes Markenzeichen der Vorwerk-Gruppe.

Die Backofentemperaturen beziehen sich auf den Elektroherd mit Ober- und Unterhitze. Falls Sie mit Umluft arbeiten, reduzieren Sie die Temperatur um 20 °C. Soweit nicht anders angegeben, werden die Gerichte auf der mittleren Einschubleiste gegart.

Über die Autorinnen

Simone Filipowsky ist Hamburgerin, studierte Modedesignerin und Vintage-Liebhaberin. Ihre Leidenschaft für gute Speisen, Produkte und neue Foodtrends spiegelt sich auch auf ihrem Blog wider: www.s-kueche.com.
„Ich liebe gute Küche ohne Convenience-Produkte und bereite aus ausgewählten Zutaten leckere Gerichte von Grund auf selbst zu. Saisonal koche und backe ich mich mit Früchten und Gemüse durch die Jahreszeiten und liebe ab und zu auch die schnelle Küche. Alltags koche ich sehr gesund, an besonderen Tagen darf auch geschlemmt werden."

Melanie Gerstlauer ist ein echtes Kind der Berge, am Fuße der Zugspitze geboren und aufgewachsen. Inzwischen lebt die passionierte Bloggerin (www.kleine-chaoskueche.de) mit ihrer Familie vor den Toren Münchens und hat mit und durch ihre Familie die Liebe für gutes Essen entdeckt.
„Früher waren Kochen und Essen für mich nur notwendige Übel. Über die Herkunft und die Qualität der Produkte habe ich mir keine großen Gedanken gemacht. Erst spät, und ganz besonders durch meine beiden Kinder, habe ich angefangen, mich mit dem Thema Essen auseinanderzusetzen. Inzwischen ist es zu meiner absoluten Leidenschaft geworden. Ich lege großen Wert auf die Qualität der Lebensmittel. Besonders Regionalität spielt für mich eine große Rolle!"

Bildnachweis

Fotos Einleitung: S. 6 und 8 Studio Klaus Arras, S. 7 und 9 TLC Fotostudio
Rezeptfotos: TLC Fotostudio
Illustrationen: Fotolia.com:
Icons Symbolleiste: © blankstock (Sterne und Waage), © LynxVector (Teller), © Puckung (Uhr)
Schmuckillustrationen: © glorcza
Kapitel-Icons: © panptys

Partyküche mit dem Thermomix®

Abkürzungen

cl = Zentiliter	KH = Kohlenhydrate
E = Eiweiß	kJ = Kilojoule
El = Esslöffel	l = Liter
F = Fett	ml = Milliliter
FP = Fertigprodukt	Msp. = Messerspitze
g = Gramm	P. = Päckchen
kcal = Kilokalorien	TK = Tiefkühlprodukt
kg = Kilogramm	Tl = Teelöffel

Inhalt

Partyfood mit dem Thermomix®

Sie würden gerne einmal wieder liebe Freunde einladen? Oder eine richtig große Party schmeißen? Dann tun Sie es doch! Mit dem Thermomix® sind die Vorbereitungen nämlich ein Kinderspiel! Das Gerät zerkleinert, püriert, mixt und rührt nicht nur für Sie, es gart und dämpft auch schonend, rührt Teig und schlägt zuverlässig Sahne steif. Einen perfekteren Partyhelfer finden Sie nicht!

Wir haben exklusiv für Ihren Thermomix® TM5 60 raffinierte Partyrezepte entwickelt und getestet: Von köstlichen Suppen und Salaten über praktisches Fingerfood, herzhaftes Gebäck und cremige Dips bis hin zu verführerischen Desserts, Cocktails und Partydrinks. Hieraus können Sie sich nach Herzenslust Ihr Lieblingsbuffet zusammenstellen oder auch nur einzelne Gerichte für Partys im kleinen Kreis auswählen.

Damit Ihre Party rundum ein Erfolg wird, haben wir im Folgenden noch ein paar nützliche Tipps für Sie zusammengestellt. So gerüstet steht Ihrer nächsten Party nichts mehr im Wege.

Das perfekte Buffet

Wie bei allem im Leben gilt: Am Anfang steht die Planung! Überlegen Sie sich – ausgehend vom jeweiligen Anlass und der Anzahl der Gäste – frühzeitig, wie Ihr Buffet aussehen soll und was Sie dafür benötigen.

Generell gilt: Je mehr Gäste Sie einladen, desto abwechslungsreicher und vielfältiger können Sie Ihr Buffet gestalten. Letztlich sollten Sie es bei der Anzahl der Gerichte aber nicht übertreiben. Vielfalt ist gewiss sehr schön, aber wenn Sie sich vor lauter Vorbereitungsstress nicht mehr auf die Party freuen können, ist es definitiv zu viel des Guten. Ihre Gäste werden ein Häppchen mehr oder weniger garantiert nicht vermissen – auf einen schlecht gelaunten Gastgeber können sie aber bestimmt verzichten.

Die Berechnung der benötigten Mengen der Speisen gehört gewiss mit zu den schwierigsten Aufgaben bei der Partyvorbereitung. Aus Angst davor, dass die Gäste hungrig nach Hause gehen könnten, wird häufig viel zu viel aufgetischt – als Gastgeber isst man dann noch zwei Tage von den Resten oder noch schlimmer: Die Reste landen im Müll.

Die Berechnung der benötigten Mengen wird vor allem dadurch erschwert, dass dabei viele unterschiedliche Faktoren eine Rolle spielen: Wie viele Erwachsene und wie viele Kinder sind unter den Gästen? Wie viele Männer und wie viele Frauen essen mit? Um welche Art der Party handelt es sich? Sollen sich die Gäste am Buffet satt essen oder handelt es sich nur um einen kleinen Umtrunk? Zu welcher Uhrzeit findet die Party statt? Und, und, und ...

Um es Ihnen ein wenig einfacher zu machen, haben wir bei unseren Rezepten jeweils angegeben, für wie viele Party-Portionen oder Stück die Gerichte berechnet sind. Demnach können Sie die Zutaten entsprechend hochrechnen oder reduzieren. Wir haben dabei folgende Mengen zugrunde gelegt:

- Salate: ca. 150 g pro Portion
- Suppen: ca. 150 g pro Portion
- Dips: ca. 75 g pro Portion
- Desserts: 120–200 g pro Portion

Aber wie schon gesagt: Letztlich können all diese Angaben aus den geschilderten Gründen nur als grobe Richtschnur dienen. Und sollten Sie doch etwas übrig haben, stellen Sie die Gerichte direkt nach der Party in den Kühlschrank – so sind Sie für den Tag nach der Party versorgt. Einige Gerichte wie Suppen oder Gebäck lassen sich auch gut einfrieren. Und sollten Sie Angst haben, dass Ihre Auswahl nicht reichen könnte, halten Sie für den Notfall noch Käse, Brot und Knabbereien bereit. So können Sie die Party ganz gelassen angehen.

Tipp!

Eine gängige Methode zur Berechnung der benötigten Mengen ist es, das Essen nach Gewicht pro Person zu berechnen (gemeint ist dabei nicht das Rohgewicht der Zutaten, sondern das Gewicht der fertigen Speisen). Für einen durchschnittlichen Esser werden in der Regel ca. 800 g angesetzt, für gute Esser ca. 1000 g, für Frauen ca. 600 g und für Kinder bis 8 Jahre 200–300 g.

Das Auge isst mit – Fingerfood

Partys, auf denen kleine Häppchen statt großer Hauptgerichte und kleine Gläschen statt Schüsseln voller deftiger Salate serviert werden, liegen voll im Trend. Kein Wunder, schließlich bieten die hübschen Mini-Portionen für jede Gelegenheit den passenden kulinarischen Rahmen: Von zwanglos und rustikal bis edel und festlich – die kleinen Häppchen haben immer eine große Wirkung. Schon der Anblick vieler dieser köstlichen Kleinigkeiten ist ein sinnlicher Genuss, denn hübsch garniert laden die kleinen Gläschen, Schüsselchen, Spießchen und Stückchen zum Zugreifen und Verspeisen ein. Auf den Rezeptfotos in diesem Buch finden Sie viele Anregungen, wie Sie Ihre Gerichte optisch hübsch in Szene setzen können.

Praktische Tipps

Zum Schluss möchten wir Ihnen noch ein paar hilfreiche praktische Tipps und Informationen an die Hand geben. So gerüstet kann bei den Partyvorbereitungen definitiv nichts mehr schiefgehen:

- Achten Sie darauf, besonders frische Lebensmittel zu besorgen, da manche Gerichte schon vorher zubereitet werden und am Abend der Feier in der Regel länger ungekühlt stehen bleiben. Hilfreich ist eine nach Tagen gegliederte Einkaufsliste: Was kann schon Tage vorher eingekauft werden, was muss frisch am Tag der Party gekauft werden? Denken Sie auch daran, wichtige Lebensmittel frühzeitig vorzubestellen, damit sie am Tag der Party auch wirklich verfügbar sind.

- Bereiten Sie frische Crèmes und Mayonnaisen erst am Tag der Party zu und stellen Sie sie bis zum Servieren kühl. Die enthaltenen frischen Zutaten wie Joghurt oder Crème fraîche und vor allem rohe Eier können leicht verderben, besonders an heißen Tagen.

- Tischen Sie von leicht verderblichen Gerichten nicht alles auf einmal auf, sondern bestücken Sie das Buffet lieber regelmäßig nach. Schneiden Sie Gebäck nicht komplett auf, sondern legen Sie ein Schneidebrett mit einem Messer bereit. So kann sich jeder Gast das gewünschte Stück abschneiden und das Gebäck trocknet nicht aus.

- Bedecken Sie Ihre Speisen bis kurz vor Partybeginn mit Frischhaltefolie, damit sie frisch bleiben und nicht austrocknen. Legen Sie zum Kühlen ggf. mit Alufolie umwickelte Kühlelemente unter die Platten und Schüsseln. Kontrollieren Sie Ihr Buffet im Laufe des Abends regelmäßig; räumen Sie leere Platten ab und richten Sie „geplünderte“ Platten neu an.

- Stellen Sie ausreichend Geschirr und Besteck bereit. Pro Gast und Gang mindestens einen, besser zwei Teller sowie Besteck in dreifacher Ausführung.

- Servietten sollten in mehreren Stapeln von überall her gut erreichbar bereitliegen. Sorgen Sie auch für genügend Möglichkeiten, diese nach dem Essen wieder loszuwerden.

- Stellen Sie an unauffälliger Stelle (z.B. unter dem Buffet-Tisch) Körbe o. Ä. für die benutzten Gläschen, Schüsselchen und das Besteck bereit.

Die Symbole in diesem Buch

In der praktischen Info-Leiste, die sich oben auf den Rezeptseiten befindet, finden Sie hilfreiche Zusatzangaben zu den Rezepten. Die einzelnen Symbole haben folgende Bedeutung:

Portionen
Hier wird angezeigt, wie viele Party-Portionen oder Stück das Rezept ergibt.

Kalorienangaben und Nährwerte
Hier sind die durchschnittlichen Kalorien und Nährwerte der Gerichte pro Portion oder Stück angezeigt.

Schwierigkeitsgrad
Hier finden Sie den für das Rezept angegebenen Schwierigkeitsgrad von leicht bis aufwendig.

Zubereitungszeit
Dies ist die aktive Arbeitszeit zuzüglich möglicher Zusatzzeiten wie Ruhe-, Kühl-, Gar- oder Backzeiten.

Wir wünschen Ihnen nun viel Erfolg bei Ihren Partyvorbereitungen mit dem Thermomix® und viel Spaß beim Feiern!

Salate

Kartoffelsalat, Coleslaw & Co.:
Eine bunte Auswahl an Salaten
gehört auf jedes Buffet!

Für 4–6 Portionen
Pro Portion ca. 356 kcal/1492 kJ
9 g E, 17 g F, 42 g KH
leicht
Zubereitung: 1 Std. 10 Min.

Couscous-Salat mit Roter Bete

- 2 mittelgroße Rote Beten
- 250 g Perl-Couscous (ersatzweise anderer Couscous)
- 1 El Petersilienblätter
- 2 Stiele Dill
- 60 g Walnusskerne
- 2 Tl Zatar
- 35 g Olivenöl
- Saft von 1 kleinen Zitrone
- Salz
- Pfeffer
- Dill und Walnüsse zum Garnieren

500 g Wasser einwiegen und den Gareinsatz einhängen. Die Rote-Bete-Knollen waschen und in den Gareinsatz legen. Den Varoma-Behälter aufsetzen. Couscous einwiegen, Varoma schließen und den Couscous **20 Minuten/Varoma/Stufe 2** garen.

Den Varoma-Behälter entfernen, **Messbecher einsetzen** und die Rote Bete weitere **30 Minuten** garen. Den Couscous in eine Schüssel umfüllen und abkühlen lassen, dabei mehrere Male umrühren. Nach Ende der Garzeit die Rote Bete umfüllen und abkühlen lassen, dann schälen und in etwa 1 cm dicke Stifte schneiden.

Petersilie und Dill waschen und trocken schütteln. Dann beides fein hacken. Die Walnüsse per Hand grob zerkleinern und in einer Pfanne ohne Fettzugabe leicht anrösten.

Couscous, Rote Bete, gehackte Kräuter, Nüsse, Zatar, Öl und Zitronensaft gut mischen. Mit Salz und Pfeffer abschmecken. Den Couscous-Salat mit Dill und Walnüssen garniert servieren.

Tipp

Zatar ist eine Gewürzmischung, die in der nordafrikanischen und arabischen Küche sehr häufig verwendet wird. Wer mag, kann die Gewürzmischung aus je 2 Messerspitzen getrocknetem Oregano, Kreuzkümmel und Sumach (ein säuerlich schmeckendes Gewürz) selbst zusammenmischen. Sumach erhalten Sie genauso wie Perl-Couscous in türkischen Lebensmittelgeschäften.

Für 4–6 Portionen
Pro Portion ca. 218 kcal/914 kJ
3 g E, 10 g F, 28 g KH
leicht
Zubereitung: 40 Min.

Wiener Kartoffelsalat
mit Brühe

- 800 g festkochende Kartoffeln
- 125 g Rinderbrühe
- 1 rote Zwiebel
- 3 El Weißweinessig
- 5 El Sonnenblumenöl
- 1 Tl Dijonsenf
- 2 Tl Zucker
- Salz
- Pfeffer
- 15 Schnittlauchstängel
- 2 Estragonzweige

500 g Wasser einwiegen und den Gareinsatz einhängen. Die Kartoffeln waschen, schälen, halbieren und in den Gareinsatz legen. **25 Minuten/ Varoma/Stufe 1** garen. Den Gareinsatz herausnehmen. Den Mixtopf reinigen.

Die Brühe erhitzen. Zwiebel schälen, halbieren und **6 Sekunden/Stufe 5** zerkleinern. Mit dem Spatel herunterschieben. Essig, Öl, Senf, Zucker und die heiße Brühe dazugeben und alles **20 Sekunden/Stufe 3** zu einer Marinade verrühren. Mit Salz und Pfeffer abschmecken.

Schnittlauch und Estragon waschen und trocken schütteln. Den Schnittlauch in dünne Röllchen schneiden. Den Estragon hacken. Die Kartoffeln in dünne Scheiben schneiden. In eine Schüssel geben und sofort mit der heißen Marinade begießen. Die Kräuter untermischen und alles erneut mit Salz und Pfeffer abschmecken.

Für 6–8 Portionen
Pro Portion ca. 118 kcal/491 kJ
2 g E, 5 g F, 15 g KH
leicht
Zubereitung: 20 Min.

Apfel-Sellerie-Salat
mit Sauerrahm

400 g Sellerie
3 Äpfel
2 Karotten
200 g Sauerrahm
50 g Weißweinessig
1 El Zucker
1/2 Tl Senf
Salz
Pfeffer

Den Sellerie waschen, schälen und putzen. Die Äpfel schälen und das Kerngehäuse entfernen. Die Karotten schälen und putzen. Alles in Stücke schneiden und in den Mixtopf geben. **8 Sekunden/Stufe 5** grob zerkleinern.

Sauerrahm, Weißweinessig, Zucker und Senf zufügen und alles **15 Sekunden/Linkslauf/Stufe 4.5** vermengen. Den Salat mit Salz und Pfeffer abschmecken.

Für 4–6 Portionen
Pro Portion ca. 249 kcal/1042 kJ
13 g E, 7 g F, 33 g KH
leicht
Zubereitung: 40 Min.

Linsensalat
mit Möhren und Granatapfel

Für den Salat

250 g Belugalinsen (ersatzweise Puy- oder Berglinsen)
1 kleine rote Zwiebel
200 g Möhren
1 kleiner Granatapfel

Für das Dressing

3 El weißer Balsamico
3 El Olivenöl
1 Tl Dijonsenf
2 Tl Meerrettich (frisch oder aus dem Glas)
abgeriebene Schale von 1 unbehandelten Orange
Salz
Pfeffer

Die Linsen mit 500 g Wasser **30 Minuten/100 °C/Linkslauf/Stufe 0.5** garen. Dann in ein Sieb geben, gut abspülen und in eine ausreichend große Schüssel füllen. Den Mixtopf reinigen.

Die Zwiebel schälen und halbieren. Möhren schälen, putzen und in Stücke schneiden. Alles **5 Sekunden/Stufe 5** zerkleinern, dann zu den Linsen geben. Den Mixtopf reinigen. Die Kerne aus dem Granatapfel lösen (siehe Tipp) und ca. 170 g Kerne zu den anderen Zutaten geben.

Für das Dressing alle Zutaten in den Mixtopf geben und **20 Sekunden/Stufe 3** verrühren. Das Dressing über den Linsensalat gießen, gut vermischen und den Salat mit Salz und Pfeffer abschmecken.

Tipp

Ein Trick, um die Kerne aus dem Granatapfel zu lösen: Den Granatapfel rundherum mit einem scharfen Messer anritzen. In eine dicht verschließbare große Schüssel legen, diese verschließen und kräftig schütteln!

Tipp!

Auf kleinen Portionslöffeln serviert, kommt der Salat optisch besonders gut zur Geltung! Auf diese Weise kommen zudem viele Gäste in den Genuss des köstlichen Salates!

Tipp!

Tahin ist eine nussig schmeckende Paste aus gemahlenen Sesamsamen, die man auch leicht selber machen kann: Sesamsamen in einer Pfanne rösten und mit Sesamöl pürieren!

Für 4–6 Portionen
Pro Portion ca. 396 kcal/1657 kJ
9 g E, 20 g F, 44 g KH
leicht
Zubereitung: 30 Min.

Asiatischer Reissalat mit Sesamdressing

Für den Salat
1 Tl Salz
20 g Sonnenblumenöl
180 g Jasmin- oder Basmatireis
150 g Möhren
1 Paprikaschote
3 Frühlingszwiebeln
3 El Korianderblätter
50 g Babyspinat
120 g Kichererbsen
50 g Cashewkerne
2 El Sesam

Für das Dressing
1 Knoblauchzehe
1 Stück Ingwer (ca. 1 cm)
35 g Sonnenblumenöl
3 El Sojasauce
2 El Essig
2 El Wasser
2 El Honig
2 Tl Tahin (Sesampaste) oder Sesamöl
Salz
Pfeffer
Cayennepfeffer

Für den Salat 1 l Wasser mit dem Salz und dem Öl in den Mixtopf geben. Den Gareinsatz einhängen und den Reis einwiegen. Den Gareinsatz entnehmen und den Reis gründlich waschen. Den Gareinsatz wieder einhängen und den Reis **15 Minuten/100 °C/Stufe 3** garen. Den Reis in eine ausreichend große Schüssel umfüllen und abkühlen lassen. Den Mixtopf reinigen.

Möhren waschen, schälen, putzen und vierteln. Paprika waschen, vierteln, putzen und entkernen. Paprika **4 Sekunden/Stufe 5** zerkleinern, anschließend zum Reis geben. Möhren **5 Sekunden/Stufe 5** zerkleinern, dann ebenfalls zum Reis geben. Den Mixtopf reinigen.

Die Frühlingszwiebeln waschen, putzen und in hauchdünne Scheiben schneiden. Koriander waschen und trocken schütteln, dann grob hacken. Babyspinat waschen und trocken schütteln, die Blätter nach Belieben halbieren. Kichererbsen abspülen und abtropfen lassen. Cashewkerne und Sesam ohne Fettzugabe in einer Pfanne einige Minute anrösten, bis sie Farbe annehmen. Alles zu dem Reis geben.

Für das Dressing Knoblauch und Ingwer schälen, vierteln und **2 Sekunden/Turbomodus** zerkleinern. Die restlichen Zutaten für das Dressing dazugeben und alles **20 Sekunden/Stufe 4** mixen. Das Dressing mit Salz, Pfeffer und Cayennepfeffer pikant abschmecken. Kurz vor dem Servieren zu dem Salat geben und alles gut vermischen.

Für 6–8 Portionen
Pro Portion ca. 66 kcal/275 kJ
2 g E, 3 g F, 7 g KH
leicht
Zubereitung: 20 Min.

Rotkohl-Coleslaw

- 450 g Rotkohl
- 2 Schalotten
- 1 Stange Staudensellerie
- 50 g Rotweinessig
- 25 g Zucker
- 125 g Sauerrahm
- 1 Tl Senf
- 1/2 Tl Salz
- Pfeffer
- Apfelstifte und Kräuter zum Garnieren

Den Rotkohl waschen, schälen und in Stücke schneiden. Schalotten schälen und grob zerkleinern. Staudensellerie waschen, schälen, putzen und in Stücke schneiden. Alles **5 Sekunden/Stufe 5** zerkleinern (bzw. so lange, bis die gewünschte Konsistenz erreicht ist).

Rotweinessig, Zucker, Sauerrahm, Senf, Salz und etwas Pfeffer zugeben. **10 Sekunden/Linkslauf/Stufe 4** vermengen. Den Coleslaw nach Belieben mit Apfelstiften und Kräutern garniert servieren.

Tipp!

Der amerikanische Krautsalat wird klassischerweise mit Weißkohl zubereitet – aber mit Rotkohl schmeckt er mindestens genauso gut!

Suppen

Heiß geliebt auf jedem Buffet: Suppen liefern eine gute Grundlage und begeistern auch als Mitternachtssnack.

Für 10 Portionen
Pro Portion ca. 139 kcal/581 kJ
7 g E, 4 g F, 19 g KH
leicht
Zubereitung: 40 Min.

Linsen-Möhren-Suppe
mit Kokos

1 mittelgroße Zwiebel
2 Knoblauchzehen
1 El Öl
270 g rote Linsen
1 Stück Ingwer (ca. 1 cm)
500 g Möhren
800 g Gemüsebrühe
1 Tl Kurkuma
1 Tl Paprikapulver
1 Tl Korianderpulver
2 Msp. Cayennepfeffer
400 g Kokosmilch
Salz
Pfeffer
Koriander zum Garnieren

Zwiebel und Knoblauch schälen. Zwiebel halbieren. Beides **2 Sekunden/Turbomodus** zerkleinern, dann mit dem Spatel herunterschieben. Mit dem Öl **5 Minuten/Varoma/Stufe 1** garen.

Die Linsen gründlich waschen. Den Ingwer schälen. Die Möhren waschen, schälen, putzen und in ca. 3 cm lange Stücke schneiden. Ingwer und Möhren in den Mixtopf geben und **10 Sekunden/Stufe 5** zerkleinern. Linsen, Brühe und Gewürze zugeben und alles **20 Minuten/100 °C/Stufe 1** garen.

Die Kokosmilch hinzufügen und weitere **10 Minuten/100 °C/Stufe 1** garen. Die Suppe mit Salz und Pfeffer abschmecken. Mit Koriandergrün garniert servieren.

Für 6–8 Portionen

Pro Portion ca. 265 kcal/1110 kJ
3 g E, 22 g F, 13 g KH

leicht

Zubereitung: 20 Min.

Gazpacho
mit Knoblauch-Croûtons

Für die Croûtons
4 Scheiben Toastbrot
100 g Olivenöl
2 Knoblauchzehen
je 1/2 Tl getrockneter Majoran und Oregano

Für die Suppe
1 kg Tomaten
1 grüne Paprikaschote
1/2 Salatgurke
1 Schalotte
1 Knoblauchzehe
50 g Olivenöl
30 g weißer Balsamico
Salz
Pfeffer
Gemüsewürfelchen zum Garnieren

Für die Croûtons das Toastbrot in Würfel schneiden und in einer flachen Schüssel verteilen. Das Olivenöl zusammen mit geschältem und halbiertem Knoblauch, Majoran und Oregano in den Mixtopf geben und alles **15 Sekunden/Stufe 8** mixen. Das Öl gleichmäßig über den Brotwürfeln verteilen und kurz ziehen lassen. Eine Pfanne erhitzen und die Brotwürfel darin gleichmäßig von allen Seiten rösten. Abkühlen lassen. Den Mixtopf reinigen.

Für die Suppe die Tomaten waschen, vierteln und die Stielansätze herausschneiden. Paprika waschen, vierteln, putzen und entkernen. Gurke waschen und in Stücke schneiden. Schalotte und Knoblauch schälen. Die Schalotte grob hacken.

Das Gemüse zusammen mit Olivenöl, Balsamico, 1/2 Tl Salz und 1 Prise Pfeffer in den Mixtopf geben. **30 Sekunden/Stufe 9** pürieren. Sollte die Suppe zu dickflüssig sein, nach Belieben etwas Wasser zufügen und untermixen. Mit Salz und Pfeffer abschmecken. Die Gazpacho mit Croûtons und mit Gemüsewürfelchen garniert servieren.

Für 6–8 Portionen
Pro Portion ca. 160 kcal/673 kJ
8 g E, 12 g F, 6 g KH
leicht
Zubereitung: 45 Min.

Curry-Tomatensuppe
mit Fleischbällchen

1 Zwiebel
2 Knoblauchzehen
3 El Öl
2 Tl Currypulver
1 kg Fleischtomaten
500 g Brühe
2 El Tomatenmark
1 Tl Zucker
Salz
Pfeffer
2 frische, feine oder grobe Bratwürste
je 1 Msp. Kreuzkümmel, Zimt, Kurkuma und Cayennepfeffer
3 El Orangensaft
ggf. Petersilie zum Garnieren

Zwiebel schälen und halbieren. Knoblauch schälen. Beides **5 Sekunden/Stufe 5** zerkleinern, dann mit dem Spatel herunterschieben. Mit dem Öl und dem Currypulver **5 Minuten/Varoma/Stufe 1 ohne eingesetzten Messbecher** dünsten. In der Zwischenzeit die Tomaten waschen, die Stielansätze herausschneiden und die Tomaten halbieren. Dann mit der Brühe, dem Tomatenmark, dem Zucker und etwas Salz und Pfeffer in den Mixtopf geben und **15 Minuten/100 °C/Stufe 1** garen.

In der Zwischenzeit den Varoma-Behälter mit den Fleischbällchen vorbereiten. Dazu aus jeder Wurst 6–8 Stücke aus dem Darm drücken und mit feuchten Händen zu runden Bällchen formen. Die Bällchen auf den Varoma-Einlegeboden setzen. Sind die ersten 15 Minuten Kochzeit der Tomatensuppe beendet, den Varoma-Behälter mit dem Einlegeboden aufsetzen und **15 Minuten/Varoma/Stufe 1** garen.

Die Suppe mit den Gewürzen, dem Orangensaft und Salz und Pfeffer abschmecken und mit den Fleischbällchen servieren.

Tipp!
Wenn Sie die Suppe in Gläschen anrichten möchten, servieren Sie die Fleischbällchen aufgespießt dazu!

Tipp!

Sie können die Bällchen auch aus Hackfleisch zubereiten! Verwenden Sie als Grundlage dafür beispielsweise das Rezept der Cevapcici von S. 66.

Für 6–8 Portionen
Pro Portion ca. 203 kcal/851 kJ
5 g E, 17 g F, 8 g KH
leicht
Zubereitung: 40 Min.

Pilzcremesuppe

200 g Sahne
20 getrocknete Steinpilze
4 Schalotten
40 g Butter
300 g gemischte Pilze (Steinpilze, Pfifferlinge, Champignons)
150 g mehligkochende Kartoffeln
100 g Petersilienwurzel
700 g Brühe
4 Stiele Thymian
1 Lorbeerblatt
Salz
Pfeffer
Cayennepfeffer

Den **Rühraufsatz einsetzen.** Die Sahne **Stufe 3 auf Sicht** steif schlagen und bis zum Gebrauch kühl stellen. Den **Rühraufsatz entfernen.** Den Mixtopf reinigen. Die Steinpilze 15 Minuten in heißem Wasser einweichen. Dann abgießen, dabei das Einweichwasser auffangen.

Die Schalotten schälen, halbieren und zusammen mit den eingeweichten Steinpilzen **2 Sekunden/Turbomodus** zerkleinern. Mit dem Spatel herunterschieben. 20 g Butter hinzufügen und alles **5 Minuten/Varoma/Stufe 1 ohne eingesetzten Messbecher** dünsten.

Die Pilze schälen und putzen. 2 schöne Pilze für die Garnierung in hauchdünne Scheiben schneiden und beiseitestellen. Kartoffeln und Petersilienwurzel waschen, schälen und in grobe Stücke schneiden. Mit Brühe, Pilz-Einweichwasser, Pilzen, Thymian, Lorbeer, Salz, Pfeffer und 1 Prise Cayennepfeffer in den Mixtopf geben. **25 Minuten/100 °C/Stufe 1** garen.

Die Pilzscheiben in der restlichen Butter in einer Pfanne goldbraun braten. Das Lorbeerblatt und den Thymian aus der Suppe entfernen und die Suppe **50 Sekunden/Stufe 4–8 schrittweise ansteigend** pürieren. 2/3 der Sahne unterrühren. Die Suppe mit der restlichen Sahne und den Pilzscheiben servieren.

Tipp!

Baharat ist eine herrlich aromatische arabische Gewürzmischung!

Für 6–8 Portionen
Pro Portion ca. 257 kcal/1076 kJ
7 g E, 16 g F, 22 g KH
leicht
Zubereitung: 40 Min.

Wurzelgemüsesuppe mit Bacon

1 mittelgroße Zwiebel
1 Knoblauchzehe
1 El Butter
600 g Möhren
350 g Pastinaken
300 g mehligkochende Kartoffeln
mind. 750 g Brühe
400 g Milch
50 g Frischkäse
1 Tl Baharat-Gewürzmischung
Salz
Pfeffer
100 g Baconwürfel
Petersilie zum Garnieren

Zwiebel schälen und halbieren. Knoblauch schälen. Beides **2 Sekunden/Turbomodus** zerkleinern, dann mit dem Spatel herunterschieben. Butter hinzugeben und **5 Minuten/Varoma/Stufe 1** garen.

Möhren, Pastinaken und Kartoffeln waschen, putzen und schälen. Die Kartoffeln vierteln. Das Wurzelgemüse längs halbieren. 750 g Brühe zu den Zwiebeln einwiegen. Den Gareinsatz einhängen und die Kartoffeln hineingeben. Den Varoma-Behälter aufsetzen und das Wurzelgemüse hineingeben. **35 Minuten/Varoma/Stufe 1** weich garen.

Das Wurzelgemüse und die Kartoffeln in die Brühe geben. Milch, Frischkäse und die Gewürzmischung dazugeben. Alles **40 Sekunden/Stufe 4** mixen, dann **50 Sekunden/Stufe 4–8 schrittweise ansteigend** pürieren. Für eine flüssigere Konsistenz nach Belieben weitere Brühe dazugeben. Die Suppe mit Salz und Pfeffer abschmecken. Mit Baconwürfeln und Petersilie garniert servieren.

Tipp

Noch mehr Geschmack bekommt die köstliche Suppe, wenn Sie das Wurzelgemüse im Backofen rösten. Dazu den Backofen auf 200 °C vorheizen. Das Wurzelgemüse in die Saftpfanne des Backofens oder in eine große Bratenform legen. 3 Esslöffel Öl darüber sprenkeln und mit dem Gemüse vermischen. Das Gemüse 25–35 Minuten weich und goldbraun rösten. In der Zwischenzeit wie im Rezept beschrieben die Kartoffeln im Gareinsatz garen.

Für 8–10 Portionen

Pro Portion ca. 183 kcal/766 kJ
5 g E, 5 g F, 30 g KH

leicht

Zubereitung: 40 Min.

Süßkartoffelsuppe mit Kichererbsen

1 mittelgroße Zwiebel
1 Knoblauchzehe
1 El Butter
3 Süßkartoffeln (ca. 900 g)
ca. 1,35 l Brühe
Salz
Pfeffer
Chiliflocken nach Belieben
200 g Kichererbsen aus der Dose
1 Prise Cayennepfeffer
geröstete Cashewkerne zum Garnieren

Zwiebel und Knoblauch schälen. Zwiebel halbieren. Beides **2 Sekunden/Turbomodus** zerkleinern, dann mit dem Spatel herunterschieben. Die Butter hinzugeben und **5 Minuten/Varoma/Stufe 1** garen.

Die Süßkartoffeln schälen und in Würfel schneiden. Mit 750 g Brühe, etwas Salz und Pfeffer sowie den Chiliflocken in den Mixtopf geben. Alles **30 Minuten/100 °C/Stufe 1** garen.

Die Kichererbsen hinzufügen. Zuerst **40 Sekunden/Stufe 4**, danach **50 Sekunden/Stufe 4–8 schrittweise ansteigend** mixen. Danach bei hoher Drehzahl nach Belieben noch 400–600 g Brühe bis zur gewünschten Konsistenz **20 Sekunden/Stufe 3** unterrühren. Mit Salz, Pfeffer und Cayennepfeffer abschmecken. Die Suppe mit Cashewkernen garniert servieren.

Für 6–8 Portionen

Pro Portion ca. 147 kcal/615 kJ
8 g E, 5 g F, 17 g KH

leicht

Zubereitung: 40 Min.

Erbsen-Cappuccino mit Milchschaum

1 Zwiebel
1 Knoblauchzehe
1 kleine rote Chilischote
20 g Butter
250 g Kartoffeln
750 g Gemüsebrühe
Salz
Pfeffer
450 g Erbsen (TK)
300 g H-Milch
3 Msp. gemahlene Vanille
Paprikapulver zum Bestäuben

Zwiebel und Knoblauch schälen. Chili waschen, putzen und entkernen. Alles halbieren, dann **2 Sekunden/Turbomodus** zerkleinern. Mit dem Spatel herunterschieben. Die Butter dazugeben und **5 Minuten/Varoma/Stufe 1** dünsten. Kartoffeln waschen, schälen und grob in Stücke schneiden. Mit der Brühe und etwas Salz und Pfeffer in den Mixtopf geben. Alles **20 Minuten/100 °C/Stufe 1** köcheln. Erbsen hinzufügen und **10 Minuten/100 °C/Stufe 1** garen.

In der Zwischenzeit für den Milchschaum die Milch mit der Vanille erhitzen (nicht kochen lassen) und mit einem Milchschäumer oder Schneebesen gut aufschäumen.

Die Suppe **1 Minute 30 Sekunden/Stufe 4–5 schrittweise ansteigend** pürieren. Nach Wunsch durch ein Sieb streichen, anschließend in Gläschen füllen und den Milchschaum vorsichtig darüber löffeln. Mit Paprikapulver bestäubt sofort servieren.

Tipp

Wenn Sie den Milchschaum im Thermomix zubereiten möchten, gehen Sie wie folgt vor: Den **Rühraufsatz einsetzen**. 300 g eiskalte H-Milch in den Mixtopf geben und **3 Minuten/Stufe 4** aufschlagen. Anschließend **3 Minuten/90 °C/Stufe 2** erwärmen.

Tipp!

Für hübsche Mini-Portionen servieren Sie die Suppe in 12 kleinen Gläschen à ca. 105 ml.

Für 8–10 Portionen
Pro Portion ca. 141 kcal/592 kJ
7 g E, 9 g F, 7 g KH
leicht
Zubereitung: 45 Min.

Kürbis-Orangen-Suppe
mit Tofu-Spießen

600 g Hokkaido-Kürbis
1 Zwiebel
1 Stück Ingwer (ca. 2 cm)
20 g Butter
500 g Gemüsebrühe
1 Lorbeerblatt
1 Tl Currygewürzmischung
1 Msp. Zimt
200 g Orangensaft
100 g Sahne
Salz
Pfeffer
10 g Petersilie
abgeriebene Schale von 1/2 unbehandelten Orange
1/2 Tl gemahlener Koriander
250 g geräucherter Tofu
1 El Öl

Den Kürbis waschen, halbieren, entkernen und in grobe Stücke schneiden. Zwiebel und Ingwer schälen, halbieren und **2 Sekunden/Turbomodus** zerkleinern. Mit dem Spatel herunterschieben. Die Butter zugeben und Zwiebeln und Ingwer **5 Minuten/100 °C/Stufe 1 ohne eingesetzten Messbecher** dünsten. Kürbis, Brühe, Lorbeerblatt, Curry und Zimt hinzufügen und **25 Minuten/100 °C/Linkslauf/Stufe 0.5** kochen. Das Lorbeerblatt herausnehmen und die Suppe **50 Sekunden/Stufe 4–8 schrittweise ansteigend** pürieren. Orangensaft und Sahne einrühren und die Suppe mit Salz und Pfeffer abschmecken.

Die Petersilie ganz fein hacken, mit der Orangenschale und dem Koriander mischen. Den Tofu in ca. 1 cm dicke Scheiben schneiden und mit einem kleinen Keksausstecher Sterne (oder andere Motive) herausstechen. Die Sterne in Öl einige Minuten goldbraun braten, anschließend auf Spieße stecken. Die Suppe mit den Tofu-Spießen und mit der Orangen-Kräuter-Mischung garniert servieren.

Gebäck

Ob als Begleiter für Salate, Suppen und Fingerfood, zum Knabbern oder Dippen – Gebäck darf nicht fehlen!

Für 60–80 Stück

Pro Stück ca. 35 kcal/148 kJ
1 g E, 1 g F, 5 g KH

mittel

Zubereitung: 10 Min.
(plus Zeit zum Gehen und Backzeit)

Laugen-Bällchen

1 P. Trockenhefe
1 Tl Zucker
85 g Butter
500 g Mehl (Type 550)
2 Tl Salz
1 El Pflanzenöl
50 g Natron
grobes Meersalz
Mehl für die Arbeitsfläche

Hefe, Zucker und Butter mit 300 g Wasser **2 Minuten/37 °C/Stufe 1** erwärmen, dann 5 Minuten im Mixtopf ruhen lassen. Mehl und Salz hinzufügen und alles **3 Minuten/Knetmodus** verkneten. Sollte der Teig sehr klebrig sein, noch etwas Mehl hinzurühren. Eine große Schüssel mit Öl ausstreichen, den Teig hineingeben, zur Kugel formen und diese einmal rundherum im Öl wälzen. Den Teig für mindestens 1 Stunde zugedeckt an einem warmen Ort gehen lassen.

Den Backofen auf 200 °C Umluft vorheizen. 2 Backbleche mit Backpapier belegen. Den Teig auf eine bemehlte Arbeitsfläche geben, in 8 Teile schneiden und diese zu 2–3 cm dicken Würsten rollen, dann mit einem scharfen Messer in ca. 2 cm breite Stücke schneiden.

In einem großen, möglichst hohen Topf 1,5 l Wasser zum Sieden bringen. Das Natron hineinschütten. Die Teigstücke portionsweise in einem Sieb ca. 30 Sekunden in das Wasser geben, dann abtropfen lassen und auf die Backbleche schütten. So verteilen, dass sie ein paar Zentimeter Abstand zueinander haben. Sofort mit Meersalz bestreuen. Die Laugen-Bällchen 14–18 Minuten im Ofen braun backen.

Für 2 Flammkuchen (ca. 16 Portionen)

Pro Portion ca. 181 kcal/760 kJ
5 g E, 12 g F, 15 g KH

mittel

Zubereitung: 30 Min.
(plus Gar- und Backzeit)

Flammkuchen
mit Kürbis und Feta

250 g Mehl
50 g Olivenöl
1 Eigelb
1/2 Tl Salz
1 kleiner Hokkaido-Kürbis
200 g Crème fraîche
150 g Feta
Salz
Pfeffer
20 Salbeiblättchen
1 kleine Handvoll Walnusskerne
Mehl für die Arbeitsfläche

Mehl, Olivenöl und 100 g Wasser in den Mixtopf einwiegen. Eigelb und Salz dazugeben und alles **2 Minuten 30 Sekunden/Knetmodus** verkneten. Den Teig auf einer leicht bemehlten Arbeitsfläche kurz mit den Händen durchkneten, dann zu einer Kugel formen und in Frischhaltefolie einwickeln. 30 Minuten bei Raumtemperatur ruhen lassen. Den Mixtopf reinigen.

Inzwischen den Kürbis gründlich waschen, halbieren, entkernen und das Fruchtfleisch in etwa 2 cm breite Spalten schneiden. Die Kürbisspalten gleichmäßig im Varoma-Einlegeboden und im Varoma-Behälter verteilen, dabei darauf achten, dass genügend Löcher freibleiben. 500 g Wasser in den Mixtopf geben und den mit dem Deckel verschlossenen Varoma aufsetzen. Den Kürbis **20 Minuten/Varoma/Stufe 1** garen. Den Deckel öffnen und den Kürbis ausdampfen lassen.

Den Backofen auf 220 °C vorheizen (Umluft nicht empfehlenswert) und 2 Backbleche mit Backpapier auslegen. Den Teig halbieren und jede Hälfte auf der leicht bemehlten Arbeitsfläche so dünn wie möglich ausrollen. Beide Teigstücke vorsichtig auf die vorbereiteten Bleche setzen und jeweils mit der Hälfte der Crème fraîche bestreichen. Die Kürbisspalten gleichmäßig auf den Flammkuchen verteilen. Jeweils die Hälfte des Fetas darüberstreuen und alles mit Salz und Pfeffer würzen.

Die Flammkuchen nacheinander ca. 15 Minuten backen. Zwischenzeitlich die Salbeiblättchen waschen und trocken schütteln und die Walnusskerne grob zerkleinern. Nach 10 Minuten Backzeit beides über die Flammkuchen streuen und die Flammkuchen zu Ende backen, bis die Ränder goldbraun und knusprig sind. In Stücke schneiden und heiß servieren.

Für 12 Stück

Pro Stück ca. 148 kcal/618 kJ
7 g E, 13 g F, 1 g KH

leicht

Zubereitung: 15 Min.
(plus Backzeit)

Spinat-Muffins
mit Käse und Speck

80 g Bergkäse
200 g Babyspinat (geputzt gewogen)
35 g Butter
100 g Speckwürfel
100 g Milch
6 Eier (Größe L)
1 Msp. Muskat
Salz
Pfeffer

Bergkäse **8 Sekunden/Stufe 5** zerkleinern, dann umfüllen. Spinat waschen, verlesen, einwiegen und mit der Butter **5 Minuten/100 °C/Stufe 1** zusammenfallen lassen. In ein Sieb abgießen und gut ausdrücken.

Den Backofen auf 180 °C vorheizen. Die Mulden eines 12er-Muffinblechs mit Papierförmchen auskleiden. Den Speck in einer Pfanne ohne Fettzugabe goldbraun ausbraten. Milch, Eier und Muskat **20 Sekunden/Stufe 3** verquirlen. Den Spinat, jeweils die Hälfte des Specks und des Käses zufügen und weitere **20 Sekunden/Stufe 3** verquirlen. Mit Salz und Pfeffer abschmecken.

Den Teig gleichmäßig in dem Muffinblech verteilen. Mit restlichem Speck und Käse bestreuen. Die Muffins ca. 20 Minuten goldbraun backen.

Für 12 Stück
Pro Stück ca. 186 kcal/777 kJ
8 g E, 4 g F, 28 g KH
leicht
Zubereitung: 15 Min.
(plus Backzeit)

Polenta-Muffins mit Paprika

- 70 g Käse (z.B. Cheddar oder Emmentaler)
- 1 rote Paprikaschote
- 1 Schalotte
- 250 g Milch
- 2 Eier
- 250 g Mehl
- 150 g Polenta (Maisgrieß)
- 1 Tl Backpulver
- 1 Tl Salz
- Pfeffer
- 1 Messbecher Erbsen (TK)

Den Backofen auf 200 °C vorheizen. Den Käse **10 Sekunden/Stufe 5** zerkleinern, dann umfüllen. Paprika waschen, vierteln, putzen, entkernen und in Stücke schneiden. Schalotte schälen und grob hacken. Beides **10 Sekunden/Stufe 4** grob zerkleinern, dann ebenfalls umfüllen.

Milch, Eier, Mehl, Polenta, Backpulver, Salz und etwas Pfeffer in den Mixtopf geben und **35 Sekunden/Stufe 5** verrühren. Käse, Paprika, Schalotten und Erbsen zugeben und alles **10 Sekunden/Linkslauf/Stufe 4** vermengen.

Die Mulden eines 12er-Muffinblechs mit Papierförmchen auskleiden. Die Polentamasse gleichmäßig darin verteilen. Die Muffins 15 Minuten im Ofen goldbraun backen.

Tipp!

Der Clou dieses köstlichen Faltenbrotes: Jeder Gast zupft sich einfach ein Stück ab!

Für 1 Brot (ca. 20 Portionen)
Pro Portion ca. 176 kcal/737 kJ
4 g E, 8 g F, 22 g KH
leicht
Zubereitung: 20 Min.
(plus Zeit zum Gehen und Backzeit)

Zupfbrot
mit Kräuterbutter

Für die Kräuterbutter
1 Schalotte
2 Knoblauchzehen
3 Stängel Basilikum
3 Stängel Petersilie
10 g Schnittlauch
90 g Butter
1 Tl Senf
30 g Olivenöl
Salz
Pfeffer

Für das Brot
600 g Mehl (Type 550)
1 Würfel Hefe (42 g)
1/2 Tl Zucker
1 1/2 Tl Salz
50 g Olivenöl
etwas Milch oder Sahne zum Bestreichen
Mehl für die Arbeitsfläche

Für die Kräuterbutter Schalotte und Knoblauch schälen und halbieren. Basilikum und Petersilie waschen und trocken schütteln. Alles **6 Sekunden/Stufe 5** zerkleinern. Mit dem Spatel herunterschieben. Den Schnittlauch waschen, trocken schütteln und in feine Röllchen schneiden. Zusammen mit Butter, Senf, Olivenöl, Salz und Pfeffer in den Mixtopf geben und alles **20 Sekunden/Stufe 3** verrühren. Umfüllen. Den Mixtopf reinigen.

Eine Kastenform (ca. 14 x 26 cm) mit Backpapier auslegen. Für das Brot alle Zutaten mit 300 g Wasser **2 Minuten/Knetmodus** verkneten. Den Teig dann auf einer bemehlten Arbeitsfläche in Backblechgröße ausrollen, mit der Kräuterbutter bestreichen und in kastenformbreite Streifen schneiden. Die Teigstreifen wie eine Ziehharmonika falten und hintereinander in die Kastenform legen.

Den Teig 20 Minuten abgedeckt an einem warmen Ort gehen lassen. In der Zwischenzeit den Backofen auf 200 °C vorheizen. Das Faltenbrot mit etwas Milch oder Sahne bestreichen und 25–30 Minuten backen. Das Zupfbrot in der Form servieren.

Für 24 Stück

Pro Stück ca. 146 kcal/610 kJ
6 g E, 6 g F, 16 g KH

mittel

Zubereitung: 20 Min.
(plus Zeit zum Gehen und Backzeit)

Pizzaschnecken mit Thunfisch und Käse

200 g Gouda am Stück
500 g Mehl
1 P. Trockenhefe
1 El Zucker
50 g Olivenöl
1 Tl Salz
2 Dosen Thunfisch im eigenen Saft (je ca. 140 g Abtropfgewicht)
1 Tl getrocknete italienische Kräuter
Salz
Pfeffer
Mehl für die Arbeitsfläche
Olivenöl für die Schüssel

Gouda entrinden, in grobe Stücke schneiden und in den Mixtopf geben. **5 Sekunden/Stufe 6** zerkleinern, dann umfüllen und kalt stellen. Den Mixtopf reinigen. Mehl in den Mixtopf einwiegen. Hefe und Zucker dazugeben. **10 Sekunden/Stufe 3** vermischen. 250 g Wasser, Olivenöl und Salz dazugeben. **2 Minuten/Knetmodus** zu einem glatten Hefeteig verkneten. Den Teig auf einer bemehlten Arbeitsfläche kurz mit den Händen durchkneten, zu einer Kugel formen und in eine leicht eingeölte Schüssel legen. Mit einem feuchten Geschirrtuch abdecken und an einem warmen Ort ca. 1 Stunde gehen lassen, bis sich das Teigvolumen verdoppelt hat.

Den Backofen auf 200 °C vorheizen und 2 Backbleche mit Backpapier auslegen. Den Teig auf eine bemehlte Arbeitsfläche geben und halbieren. Die beiden Teigstücke nacheinander jeweils zu einem Rechteck von etwa 30 x 40 cm ausrollen. Jeweils den gut abgetropften Inhalt einer Dose Thunfisch gleichmäßig auf dem Teig verteilen und jeweils die Hälfte des zerkleinerten Goudas darüberstreuen. Mit Kräutern, Salz und Pfeffer würzen.

Den Teig von der langen Seite her gleichmäßig aufrollen. Die Teigrollen jeweils in 12 gleich große Stücke schneiden und diese mit der Schnittfläche nach unten auf die vorbereiteten Backbleche setzen. Die Pizzaschnecken nacheinander im vorgeheizten Ofen in 25–30 Minuten goldbraun und knusprig backen.

Für 4 Fladen (ca. 16 Portionen)
Pro Portion ca. 281 kcal/1177 kJ
6 g E, 18 g F, 24 g KH
leicht
Zubereitung: 30 Min.
(plus Zeit zum Gehen und Backzeit)

Schmandfladen
mit Speck und Zwiebeln

350 g Weizenmehl
150 g Roggenmehl (Type 1150)
1 P. Trockenhefe
1 El Zucker
1 Tl Salz
300 g geräucherter Bauchspeck am Stück
3 mittelgroße Zwiebeln
2 Tl Öl
300 g Schmand
2 Eier
1 Prise Paprikapulver
Salz
schwarzer Pfeffer
1/2 Bund Schnittlauch
Mehl für die Arbeitsfläche

Weizenmehl und Roggenmehl in den Mixtopf einwiegen. Hefe und Zucker dazugeben und alles **10 Sekunden/Stufe 3** vermischen. 300 g Wasser dazugeben. Salz hinzufügen. **3 Minuten/Knetmodus** zu einem glatten Hefeteig verkneten. Den Teig auf einer bemehlten Arbeitsfläche kurz mit den Händen durchkneten, dann zu einer Kugel formen und in eine leicht bemehlte Schüssel legen. Mit einem Geschirrtuch abdecken und an einem warmen Ort ca. 1 Stunde gehen lassen. Den Mixtopf reinigen.

Inzwischen vom Speck Schwarte und Knochen entfernen. Den Speck in grobe Stücke schneiden und in den Mixtopf geben. **5 Sekunden/Stufe 8** zerkleinern. Umfüllen. Die Zwiebeln schälen, halbieren und **5 Sekunden/Stufe 5** zerkleinern. Mit dem Spatel herunterschieben. Öl und Speck zu den Zwiebeln geben und **4 Minuten/Varoma/Linkslauf/Stufe 1 ohne eingesetzten Messbecher** andünsten. Überschüssige Garflüssigkeit aus dem Mixtopf abgießen und die Zwiebel-Speck-Masse umfüllen.

Den Backofen auf 200 °C vorheizen und 2 Backbleche mit Backpapier auslegen. Schmand, Eier, Paprikapulver, Salz und Pfeffer in einer kleinen Schüssel mit einer Gabel vermischen. Den Teig auf eine leicht bemehlte Arbeitsfläche geben und vierteln. Die 4 Teigstücke jeweils zu einem Fladen ausrollen, mit den Händen einen kleinen Rand formen.

Jeweils 2 Fladen auf eines der vorbereiteten Backbleche setzen. Jeweils 1/4 der Schmandcreme auf den Fladen verteilen und diese jeweils mit 1/4 der Zwiebel-Speck-Mischung bestreuen. Die Fladen nacheinander 25–30 Minuten goldbraun und knusprig backen. Den Schnittlauch waschen, trocken schütteln und in Röllchen schneiden. Die Schmandfladen mit den Schnittlauchröllchen bestreut servieren.

Für 12 Stück

Pro Stück ca. 192 kcal/805 kJ
9 g E, 10 g F, 17 g KH

mittel

Zubereitung: 15 Min.
(plus Backzeit)

Mini-Quiches
mit Garnelen

- 1/2 Aubergine
- 1 kleine Zucchini
- 1 rote Paprikaschote
- 50 g Schafskäse
- 150 g Crème fraîche
- 2 Eier (Größe L)
- Salz
- Pfeffer
- 12 küchenfertige Garnelen ohne Schale
- 50 g Butter zum Bestreichen
- 1 Packung Filo- oder Yufkateig à 300 g

Aubergine, Zucchini und Paprika waschen und putzen. Aubergine in 1 cm große Würfel schneiden. Zucchini und Paprika grob in Stücke schneiden. Alles **4 Sekunden/Stufe 5** zerkleinern, dann umfüllen. Den Mixtopf reinigen. Schafskäse, Crème fraîche, Eier, Salz und Pfeffer **20 Sekunden/Stufe 3** vermischen, dann ebenfalls umfüllen. Den Mixtopf reinigen.

Den Backofen auf 190 °C vorheizen. Die Garnelen waschen und trocken tupfen. Die Butter **1 Minute/95 °C/Stufe 2** schmelzen, anschließend in einer Schale beiseitestellen.

Den Teig in 24 ca. 13 x 13 cm große Stücke schneiden. Die Mulden eines 12er-Muffinblechs (oder von 2 6er-Blechen) mit der geschmolzenen Butter einpinseln und jeweils 1 Teigstück darin drapieren, dabei den Hohlraum schön groß formen. Die Teigstücke dünn mit Butter einfetten und die restlichen 12 Teigstücke etwas versetzt auf die anderen setzen und ebenfalls dünn mit Butter bepinseln. Das Gemüse in die Mulden geben, die Eiercreme daraufgießen und je 1 Garnele darauflegen.

Die Mini-Quiches im Backofen 20–25 Minuten goldbraun backen. Anschließend leicht abkühlen lassen, dann vorsichtig aus den Mulden lösen. Warm servieren.

Für ca. 75 Stück
Pro Stück ca. 17 kcal/72 kJ
0 g E, 1 g F, 2 g KH
leicht
Zubereitung: 15 Min.
(plus Backzeit)

Parmesan-Cracker
mit Thymian

50 g Parmesan
2 Zweige Thymian
175 g Mehl
1/2 Tl Salz
2 El Sahne
50 g Olivenöl
Meersalz zum Bestreuen
Mehl für die Arbeitsfläche

Den Backofen auf 200 °C vorheizen. 2 Backbleche mit Backpapier auslegen. Den Parmesan in grobe Stücke schneiden, in den Mixtopf geben und **10 Sekunden/Stufe 10** zerkleinern. Umfüllen.

Den Thymian waschen und trocken schütteln, dann die Blättchen von den Stielen zupfen. Den Thermomix **15 Sekunden/Stufe 7** laufen lassen, dabei die Thymianblättchen durch die Deckelöffnung aufs laufende Messer fallen lassen. Den Deckel öffnen, Mehl, Salz, Sahne, Olivenöl, 50 g Wasser und den zerkleinerten Parmesan in den Mixtopf geben. Alles **25 Sekunden/Stufe 5** vermischen.

Den Teig auf einer bemehlten Arbeitsfläche kurz mit den Händen durchkneten. Zu einer Kugel formen, halbieren und beide Teigstücke jeweils 2–3 mm dick zu einem Rechteck ausrollen. Mit einem Messer oder Pizzaschneider in etwa 4 x 4 cm große Quadrate schneiden.

Die Cracker mit wenig Abstand zueinander auf die Backbleche setzen und mit etwas Meersalz bestreuen. Im vorgeheizten Backofen je nach Dicke 12–15 Minuten backen, bis die Cracker goldbraun und knusprig sind.

Tipp!

Sie können die Cracker auch mit runden Ausstechern oder Motiv-Ausstechern aus dem Teig ausstechen!

Für 1 Focaccia (ca. 8 Portionen)

Pro Portion ca. 145 kcal/609 kJ
3 g E, 5 g F, 22 g KH

leicht

Zubereitung: 10 Min.
(plus Zeit zum Gehen und Backzeit)

Focaccia

1 Schalotte
2 Knoblauchzehen
10 g Hefe
1/2 Tl Zucker
1 El Olivenöl
230 g Mehl (Type 550)
1/2 Tl Salz
1 Tl gehackter Rosmarin
1 Tl gehackter Thymian
10–15 schwarze Oliven
10–15 Kirschtomaten
2 El Olivenöl
Salzflocken zum Bestreuen
Mehl für die Arbeitsfläche

Schalotte und Knoblauch schälen. **2 Sekunden/Turbomodus** zerkleinern, dann umfüllen. Den Mixtopf reinigen. Hefe mit 150 g Wasser und dem Zucker **2 Minuten/37 °C/Stufe 1** verrühren. Olivenöl, Mehl, Salz und gehackte Kräuter hinzufügen und **3 Minuten/Knetmodus** verkneten. Den Teig ca. 30 Minuten zugedeckt an einem warmen Ort gehen lassen.

Den Backofen auf 220 °C vorheizen. Ein Backblech mit Backpapier auslegen. Den Teig auf einer bemehlten Arbeitsfläche zu einem großen, flachen Fladen formen. Die Schalotten-Knoblauch-Mischung auf dem Teig verteilen. Oliven und Tomaten in den Teig drücken.

Die Focaccia 20–25 Minuten backen, bis sie hellgoldbraun ist. Mit Olivenöl besprenkeln und mit Salzflocken bestreut servieren.

Für ca. 24 Stück

Pro Stück ca. 94 kcal/394 kJ
3 g E, 5 g F, 9 g KH

leicht

Zubereitung: 20 Min.
(plus Backzeit)

Cheddar-Scones

1 kleine rote Zwiebel
100 g würziger Cheddar
1/2 Bund Schnittlauch
75 g kalte Butter
300 g Mehl
1 gehäufter Tl Backpulver
1/2 Tl Salz
1/4 Tl Cayennepfeffer
1 Ei (Größe L)
100 g Saure Sahne oder Schmand
Saure Sahne zum Bestreichen
Mehl für die Arbeitsfläche

Den Backofen auf 220 °C vorheizen. Ein Backblech mit Backpapier auslegen. Zwiebel schälen, halbieren und **7 Sekunden/Stufe 5** zerkleinern, dann umfüllen. Den Cheddar in Würfel schneiden und **5 Sekunden/Stufe 5** zerkleinern, dann ebenfalls umfüllen.

Schnittlauch in feine Ringe schneiden. Butter fein würfeln. Butter, Mehl, Backpulver, Salz, Cayennepfeffer, Ei und Saure Sahne **2 Minuten/Knetmodus** verkneten. Zwiebel, Schnittlauch und geriebenen Käse **20 Sekunden/Stufe 3** untermischen, dabei etwas Käse zum Bestreuen beiseitestellen.

Auf einer bemehlten Arbeitsfläche den Teig etwa 2 cm dick ausrollen und mit einem runden Ausstechförmchen (à 5 cm Ø) Kreise ausstechen. Die Teigstücke auf dem Backblech verteilen, mit etwas Saurer Sahne einpinseln und mit dem restlichen Käse bestreuen. Die Scones 15–20 Minuten goldbraun backen.

Fingerfood

Kleine Häppchen – große Wirkung: hübsch im Gläschen, schick auf dem Löffel oder raffiniert aufgespießt.

Für 12 Portionen
Pro Portion ca. 161 kcal/675 kJ
10 g E, 9 g F, 9 g KH
mittel
Zubereitung: 40 Min.

Cevapcici mit Djuvec-Reis

Für den Djuvec-Reis
1 kleine rote Paprika
1 kleine Zwiebel
1 Knoblauchzehe
1 El Öl
250 g passierte Tomaten
2 El Ajvar
1 Tl Paprikapulver
1 Prise Zucker
Salz
Pfeffer
110 g Langkornreis

Für die Cevapcici
1 kleine Zwiebel
2 Knoblauchzehen
8 g Petersilienblätter
500 g Rinderhack
2 Tl Paprikapulver
Salz
Pfeffer
1 Tl Mehl
3 El Öl

Außerdem
Ajvar zum Servieren

Für den Djuvec-Reis Paprika waschen, halbieren, putzen und entkernen. **5 Sekunden/Stufe 5** zerkleinern, dann umfüllen. Zwiebel und Knoblauch schälen, halbieren und **2 Sekunden/Turbomodus** zerkleinern. Mit dem Spatel herunterschieben. Öl hinzufügen und **5 Minuten/Varoma/Stufe 1 ohne eingesetzten Messbecher** dünsten.

Paprika, Tomaten, Ajvar, Paprikapulver, Zucker, Salz und Pfeffer hinzufügen und alles **5 Minuten/100 °C/Stufe 1** garen. Reis und 100 g Wasser hinzufügen und weitere **2 Minuten/100 °C/Stufe 1** garen. Auf **95 °C** herunterstellen und weitere **18 Minuten** garen. Reis umfüllen und warm stellen. Den Mixtopf reinigen.

Für die Cevapcici Zwiebel und Knoblauch schälen und halbieren. Petersilie waschen und trocken schütteln. Alles **5 Sekunden/Stufe 6** zerkleinern. Mit dem Spatel herunterschieben und den Vorgang wiederholen. Hackfleisch, Paprikapulver, Salz, Pfeffer und Mehl hinzufügen und **2 Minuten/Knetmodus** vermengen. Die Hackmasse in eine Schüssel füllen und längliche Cevapcici formen. Öl in einer Pfanne erhitzen und die Cevapcici bei mittlerer Hitze ca. 5 Minuten rundherum braun braten. Die Cevapcici auf Spieße stecken und zusammen mit dem Djuvec-Reis und Ajvar servieren.

Tipp!

Dazu schmeckt der Zwiebel-Joghurt-Dip von S. 95!

Für ca. 20 Stück

Pro Stück ca. 63 kcal/262 kJ
2 g E, 3 g F, 6 g KH

leicht

Zubereitung: 20 Min.
(plus Einweichzeit und Garzeit)

Falafel

- 250 g getrocknete Kichererbsen
- 1/2 Bund Petersilie
- 1/2 Bund Koriander
- 1 Zwiebel
- 1–2 Knoblauchzehen
- 1 rote Chilischote
- 1 1/2 Tl Salz
- 2 Tl Kreuzkümmel
- 1 Tl Kurkuma
- Öl zum Braten

Die Kichererbsen mindestens 12 Stunden in reichlich Wasser einweichen. Anschließend mit Hilfe des Garkörbchens abgießen und mit Wasser nachspülen.

Petersilie und Koriander waschen, trocken schütteln und die Blätter abzupfen. Zwiebel und Knoblauch schälen und halbieren. Chili waschen, putzen und in Stücke schneiden. Kichererbsen, Kräuter, Zwiebel, Knoblauch, Chili und die Gewürze in den Mixtopf geben. **10 Sekunden/Stufe 7** mixen. Anschließend mit dem Spatel herunterschieben und den Vorgang wiederholen, bis ein gleichmäßiger Teig entstanden ist. Aus dem Teig ca. 3 cm große Kugeln formen.

Reichlich Öl in einem Wok (oder in einer tiefen unbeschichteten Pfanne) erhitzen. Die Falafel darin ausbacken. Auf Küchenpapier abtropfen und abkühlen lassen.

Für ca. 15 Stück

Pro Stück ca. 145 kcal/608 kJ
7 g E, 9 g F, 9 g KH

mittel

Zubereitung: 20 Min.
(plus Garzeit)

Hähnchen-Nuggets
mit Honig-Senf-Dip

Für den Dip
200 g Crème fraîche
2 El mittelscharfer Senf
2 El Honig
1 Tl Weißweinessig
Salz
Pfeffer

Für die Hähnchen-Nuggets
100 g ungesüßte Cornflakes
300 g Hähnchenbrustfilet
Salz
Pfeffer
50 g Mehl
2 Eier
Öl zum Braten

Für den Dip alle Zutaten in den Mixtopf geben und **15 Sekunden/Stufe 3** glatt rühren. Umfüllen und bis zur weiteren Verwendung kalt stellen. Den Mixtopf reinigen.

Für die Hähnchen-Nuggets die Cornflakes in den Mixtopf geben und **6 Sekunden/Stufe 5** zerkleinern. In eine flache Schale umfüllen und den Mixtopf reinigen. Das Hähnchenbrustfilet waschen, trocken tupfen und in grobe Stücke schneiden. In den Mixtopf geben, salzen und pfeffern und **15 Sekunden/Stufe 7** zerkleinern. Die Fleischmasse zwischen den angefeuchteten Händen zu 15 gleichmäßigen Bällchen rollen, dann vorsichtig flach drücken und zu Nuggets formen.

Das Mehl in eine flache Schale geben. Die Eier in einer zweiten flachen Schale verquirlen. Die Nuggets zuerst im Mehl wenden, überschüssiges Mehl abklopfen. Dann mit einer Gabel durch das Ei ziehen und zum Schluss in den zerkleinerten Cornflakes wälzen.

Öl in eine große Pfanne geben, bis der Boden bedeckt ist. Auf mittlere Temperatur erhitzen. Die panierten Nuggets portionsweise von beiden Seiten in 3–4 Minuten goldbraun und knusprig braten. Auf Küchenpapier abtropfen lassen. Die Hähnchen-Nuggets warm oder kalt mit dem Honig-Senf-Dip servieren.

Tipp
Wer es noch etwas würziger mag, kann frische oder getrocknete Kräuter wie Petersilie oder fein gehackten Knoblauch zum Fleisch geben und mitverarbeiten.

Für 12 Portionen

Pro Portion ca. 106 kcal/446 kJ
8 g E, 7 g F, 2 g KH

leicht

Zubereitung: 20 Min.

Garnelen-Chorizo-Spieße mit Avocadocreme

Für die Avocadocreme
1 Knoblauchzehe
1 Schalotte
1 reife Avocado
Saft von 1/2 Zitrone
Salz
Pfeffer
20 Kirschtomaten

Für die Spieße
2 El Olivenöl
2 Msp. Oregano
2 Msp. Paprikapulver
2 Msp. schwarzer Pfeffer
2 Msp. Thymian
1 Msp. Cayennepfeffer
1 Msp. Kreuzkümmel
12 küchenfertige Garnelen ohne Schale
10 cm Chorizo

Für die Avocadocreme den Knoblauch schälen und vierteln. Die Schalotte schälen und halbieren. Beides **5 Sekunden/Stufe 6** zerkleinern. Mit dem Spatel herunterschieben. Die Avocado schälen, halbieren, den Kern entfernen und das Fruchtfleisch in Stücke schneiden. In den Mixtopf geben, Zitronensaft hinzufügen und alles **30 Sekunden/Stufe 4** verrühren. Mit Salz und Pfeffer abschmecken. Die Tomaten waschen und halbieren oder würfeln. Locker unter die Avodacocreme rühren.

Für die Spieße das Olivenöl mit den Gewürzen verrühren. Die Garnelen waschen, trocken tupfen und rundum darin wälzen. Die Chorizo bei mittlerer Hitze ohne Fettzugabe in einer Pfanne beidseitig anrösten. Aus der Pfanne nehmen.

Die Garnelen in die Pfanne geben und in dem ausgebratenen Fett beidseitig goldbraun braten, anschließend leicht abkühlen lassen. Die Chorizo in Scheiben schneiden. Jeweils eine Scheibe Chorizo und eine Garnele auf einen Spieß stecken. Die Spieße mit der Avocadocreme servieren.

Tipp!

Chorizo ist eine würzige spanische Paprikasalami.

Für 12 Stück

Pro Stück ca. 53 kcal/220 kJ
4 g E, 4 g F, 1 g KH

leicht

Zubereitung: 20 Min.

Gefüllte Eier
mit Currycreme

6 Eier (Größe L)
5 El Salatcreme (FP)
3 Spritzer Tabasco
2 Spritzer Worchestershire-Sauce
1 Tl Currypulver
2 Msp. Kurkuma
Salz
Pfeffer
Kresse und Paprikapulver zum Garnieren

500 g Wasser in den Mixtopf geben. Den Gareinsatz einhängen und die Eier hineinlegen. **14 Minuten/Varoma/Stufe 1** garen. Die Eier abschrecken, pellen und längs halbieren. Den Mixtopf reinigen.

Das Eigelb vorsichtig mit einem Teelöffel aus den Eiern in den Mixtopf löffeln. Salatcreme, Tabasco, Worcestershire-Sauce, Curry und Kurkuma hinzufügen und alles **1 Minute/Stufe 5–8 schrittweise ansteigend** mixen. Die Creme mit Salz und Pfeffer abschmecken, dann in einen Spritzbeutel füllen. Gleichmäßige Cremetuffs in die Eihälften spritzen. Die Eier mit Kresse und Paprikapulver garniert servieren.

Für 6 Portionen
Pro Portion ca. 180 kcal/753 kJ
4 g E, 16 g F, 7 g KH
leicht
Zubereitung: 30 Min.
(plus Backzeit)

Crème brûlée
mit Spargel

100 g grüner oder weißer Spargel
65 g Milch
250 g Sahne
Salz
Pfeffer
1 Msp. Cayennepfeffer
2 Eier (Größe M)
3 gestrichene El brauner Zucker

Den Spargel waschen, holzige Enden abschneiden und schälen (bei grünem Spargel muss nur das untere Drittel geschält werden). Den Spargel in Stücke schneiden und mit Milch und Sahne **20 Minuten/98 °C/Stufe 1** garen. Mit Salz, Pfeffer und Cayennepfeffer pikant abschmecken. Lauwarm abkühlen lassen.

Den Backofen auf 140 °C vorheizen. Die Spargelmilch **50 Sekunden/ Stufe 7** pürieren. Die Eier dazugeben und **20 Sekunden/Stufe 3** verrühren.

Die Masse in 6 Crème-brûlée-Förmchen gießen, die Förmchen in ein tiefes Backblech stellen und dieses bis zur Hälfte der Förmchenhöhe mit heißem Wasser füllen. Die Masse 40 Minuten im Ofen stocken lassen. Abkühlen lassen, dann mindestens eine Stunde, besser über Nacht kalt stellen.

Die Crème brûlées kurz vor dem Servieren mit braunem Zucker bestreuen und den Zucker mithilfe eines Brenners goldbraun karamellisieren lassen.

Tipp!

Wer mag, wälzt die Windbeutelchen nach dem Backen noch in gerösteten Sesamkörnern.

Für 25–30 Stück

Pro Stück ca. 110 kcal/462 kJ
4 g E, 8 g F, 6 g KH

leicht

Zubereitung: 20 Min.
(plus Abkühlzeit und Backzeit)

Mini-Windbeutel
mit Käse und Speck

120 g Gruyère oder Bergkäse
100 g Butter
1/2 Tl Salz
1 Tl Zucker
200 g Mehl
100 g hauchdünne Speckstreifen
5 Eier (Größe M)
Salz
Pfeffer

Den Käse in 3 cm dicke Würfel schneiden und je nach Härte des Käses **5–10 Sekunden/Stufe 5** zerkleinern. Umfüllen und den Mixtopf reinigen.

250 g Wasser, Butter, Salz und Zucker in den Mixtopf geben und alles **4 Minuten/100 °C/Stufe 1** aufkochen. Mehl hinzufügen und **2 Minuten/Stufe 4** unterrühren. Den Teig im Mixtopf auf 50 °C abkühlen lassen.

In der Zwischenzeit den Speck in sehr kleine Würfel schneiden und in einer Pfanne ohne Fettzugabe knusprig ausbraten, anschließend beiseitestellen.

Den Backofen auf 200 °C vorheizen. 2 Backbleche mit Backpapier belegen. Den Thermomix auf **1 Minute/Stufe 4.5** einstellen und die Eier nach und nach durch die Deckelöffnung in den Mixtopf gleiten lassen.

Den Teig in eine große Rührschüssel füllen. Käse und Speck untermischen. Mit Salz und Pfeffer abschmecken. Den Teig zu kleinen runden Kugeln formen und diese mit 3–4 cm Abstand auf die Backbleche setzen. Die Bleche nacheinander jeweils 25–35 Minuten backen, bis die Windbeutel schön aufgegangen und goldbraun sind. Lauwarm oder kalt servieren.

Tipp!

Servieren Sie die köstlichen Cheesecake-Happen direkt in der Form; aber auch auf einer Etagere kommen die Happen perfekt zur Geltung.

Für 16 Stück

Pro Stück ca. 139 kcal/580 kJ
4 g E, 12 g F, 5 g KH

leicht

Zubereitung: 15 Min.
(plus Kühl- und Backzeit)

Pikante Cheesecake-Happen

Für den Keksboden
100 g salzige Kekse
40 g Butter

Für die Füllung
50 g Parmesan
1 Knoblauchzehe
250 g Doppelrahm-Frischkäse
2 frische Eier (Größe L)
1 gehäufter Tl körniger Senf
Salz
Pfeffer

Zum Garnieren
5 g Frischkäse
16 schwarze Oliven
Rosmarin

Eine ofenfeste Form (ca. 20 x 20 cm) mit Backpapier auslegen. Für den Keksboden die Kekse **6 Sekunden/Stufe 5** zerkleinern. Butter hinzufügen und **20 Sekunden/Stufe 3** vermengen. Die Kekskrümelmasse gleichmäßig in der vorbereiteten Form verteilen und festdrücken. Für mindestens 15 Minuten kalt stellen. Den Mixtopf reinigen.

Den Backofen auf 180 °C vorheizen. Für die Füllung den Parmesan in Stücke schneiden. Knoblauch schälen und halbieren. Beides **6 Sekunden/Stufe 5** zerkleinern. Mit dem Spatel herunterschieben. Frischkäse, Eier und Senf hinzufügen und **30 Sekunden/Stufe 4** verrühren. Mit Salz und Pfeffer abschmecken.

Die Käsecreme gleichmäßig auf dem Kekskrümelboden verteilen und den Cheesecake ca. 30 Minuten backen, bis die Ränder leicht gebräunt und die Masse noch schwach beweglich ist. Im ausgestellten Ofen weitere 15 Minuten ruhen lassen. Anschließend vollständig abkühlen lassen.

Den Cheesecake in 16 Stücke schneiden. Jeweils etwas Frischkäse auf die Quadrate geben und eine Olive daraufsetzen. Mit Rosmarin garniert servieren.

Für ca. 24 Portionen

Pro Portion ca. 49 kcal/203 kJ
3 g E, 3 g F, 2 g KH

mittel

Zubereitung: 45 Min.

Lachsbällchen
mit Joghurt-Senf-Dip

Für die Lachsbällchen
250 g Lachsfilet
2 Scheiben Toastbrot ohne Rinde
1 Handvoll Petersilie
20 frische Estragonblätter
1 kleine Zwiebel
1 Eigelb (Größe L)
50 g gemahlene Mandeln
Salz
Pfeffer
ggf. etwas Paniermehl
500 g Brühe

Für den Dip
1 El Honig
25 g Dijonsenf
25 g grober Senf
120 g griechischer Joghurt
1 El gehackter Dill
2 Spritzer Zitronensaft
Salz
Pfeffer

Das Lachsfilet waschen, trocken tupfen und in 3 cm große Stücke schneiden. Das Toastbrot kurz in Wasser einweichen, anschließend sehr gut ausdrücken. Die Kräuter waschen, trocken schütteln, dann **5 Sekunden/Stufe 10** zerkleinern. Mit dem Spatel herunterschieben. Die Zwiebel schälen, halbieren, zu den Kräutern geben und alles **6 Sekunden/Stufe 5** zerkleinern. Mit dem Spatel herunterschieben. Lachs, Toastbrot, Eigelb, Mandeln sowie etwas Salz und Pfeffer in den Mixtopf geben und alles **20 Sekunden/Stufe 5** fein zerkleinern.

Aus der Masse mit feuchten Händen etwa walnussgroße Bällchen formen. Sollte der Teig zu feucht sein, nach Bedarf etwas Paniermehl hinzufügen. Den Teig 10 Minuten zum Quellen kühl stellen. Den Mixtopf reinigen.

Den Varoma-Einlegeboden mit Backpapier auslegen, einige Löcher in das Papier stechen und die Bällchen darauflegen. Die Brühe einfüllen und die Bällchen **20 Minuten/Varoma/Stufe 2** garen. Umfüllen und den Mixtopf reinigen.

Für den Dip alle Zutaten **20 Sekunden/Stufe 3** mixen. Mit Salz und Pfeffer abschmecken. Die Lachsbällchen mit dem Dip servieren.

Tipp
Anstelle des Dämpfens im Varoma können die Bällchen auch in der Pfanne gebraten werden. Dazu 100 ml Pflanzenöl etwa 1 cm hoch in eine kleine Pfanne geben. Bällchen in das heiße Fett gleiten lassen und bei mittlerer Hitze etwa 5 Minuten schwimmend goldbraun braten. Auf Küchenkrepp abtropfen lassen.

Tipp!

Sie können die Lachsbällchen alternativ auch mit anderem Fisch wie Kabeljau oder Seelachs zubereiten!

Für 12 Stück

Pro Stück ca. 166 kcal/694 kJ
6 g E, 10 g F, 13 g KH

mittel

Zubereitung: 50 Min.

Mac-and-Cheese-Bites

Salz
180 g Hörnchennudeln
25 g Butter
25 g Mehl
130 g Milch
Pfeffer
70 g Bergkäse
2 Eier (Größe L)
1 gehäufter Tl Senf
90 g Speckwürfel
Fett für die Form

1 Liter Wasser in den Mixtopf geben, gut salzen und **10 Minuten/100 °C/ Stufe 1** zum Kochen bringen. Die Nudeln durch die Deckelöffnung in den Mixtopf geben und nach Packungsanweisung bissfest kochen. Nudeln abtropfen lassen. Den Mixtopf reinigen.

Für die Béchamelsauce die Butter **3 Minuten/100 °C/Stufe 1** schmelzen. Mehl zugeben und **3 Minuten/100 °C/Stufe 1** dünsten. Milch, etwas Salz und Pfeffer zugeben und **6 Minuten/95 °C/Stufe 4** kochen. Die Sauce zum Abkühlen in eine Schüssel füllen. Den Mixtopf reinigen.

Den Backofen auf 200 °C vorheizen. Den Käse **10 Sekunden/Stufe 10** zerkleinern. 2 Esslöffel Käse umfüllen und beiseitestellen. Eier und die Béchamelsauce zum restlichen Käse in den Mixtopf geben und alles **20 Sekunden/Stufe 4** verrühren. Die Sauce wieder in eine Schüssel füllen, den Senf hinzufügen und unterrühren. Mit Salz und Pfeffer abschmecken.

Den Speck in einer Pfanne ohne Fettzugabe knusprig ausbraten. Die Mulden eines 12er-Muffinblechs gut einfetten. Die Nudeln einfüllen, den Speck darauf verteilen und die Béchamelsauce darübergießen. Mit dem restlichen Käse bestreuen und 15–20 Minuten goldbraun backen. Für mindestens 10 Minuten in der Form ruhen lassen, dann aus den Mulden lösen. Dazu passen Tomatenwürfelchen.

Dips

Blitzschnell gemacht und enorm vielseitig – mit Dips kommt Geschmacksvielfalt aufs Buffet!

Für 6–8 Portionen

Pro Portion ca. 260 kcal/1088 kJ
10 g E, 23 g F, 4 g KH

leicht

Zubereitung: 15 Min.

Frischkäse-Dip
mit Serrano-Schinken

100 g Serrano-Schinken in Scheiben
1 Bund Frühlingszwiebeln
1 Tl Butter
300 g Doppelrahm-Frischkäse
Salz
Pfeffer
1/2 Bund Schnittlauch

Den Schinken in den Mixtopf geben und **3 Sekunden/Stufe 7** zerkleinern. Umfüllen und bis zur weiteren Verwendung kühl stellen. Den Mixtopf reinigen.

Die Frühlingszwiebeln waschen und putzen. Den dunkelgrünen Teil wegschneiden und anderweitig verwenden. Den weißen und hellgrünen Teil halbieren und in den Mixtopf geben. Die Frühlingszwiebeln **7 Sekunden/Stufe 5** zerkleinern. Mit dem Spatel herunterschieben. Die Butter dazugeben und **5 Minuten/Varoma/Stufe 1** andünsten. Den Mixtopf aus dem Gerät nehmen und die Frühlingszwiebeln auskühlen lassen.

Den Mixtopf mit den ausgekühlten Frühlingszwiebeln wieder in das Gerät einsetzen. Frischkäse und Schinken dazugeben und die Masse mit wenig Salz und Pfeffer würzen. **10 Sekunden/Linkslauf/Stufe 1** verrühren.

Den Schnittlauch waschen, trocken schütteln und in feine Röllchen schneiden. Den Dip mit Schnittlauchröllchen bestreut servieren.

Für ca. 6 Portionen | Pro Portion ca. 162 kcal/679 kJ 3 g E, 13 g F, 9 g KH | leicht | Zubereitung: 5 Min.

Mango-Curry-Dip

Für den Dip
150 g Frischkäse
70 g Crème fraîche
130 g süßes Mango-Chutney
30 g Orangensaft
2 Tl Zitronensaft
4 Spritzer Tabasco
2 Tl Worcestershire-Sauce
1/2 Tl Currypulver
1/2 Tl Kurkuma
Salz
Pfeffer

Außerdem
rote Pfefferbeeren zum Garnieren
Mangowürfel nach Belieben

Alle Zutaten für den Dip in den Mixtopf geben und **30 Sekunden/Stufe 3** verrühren. Nochmals mit Salz, Pfeffer und Tabasco herzhaft abschmecken.

Den Dip mit roten Pfefferbeeren garniert servieren. Nach Belieben Mangowürfel dazu reichen.

Für 4–6 Portionen
Pro Portion ca. 284 kcal/1189 kJ
5 g E, 27 g F, 5 g KH
leicht
Zubereitung: 10 Min.

Avocado-Frischkäse-Dip

2 reife Avocados
200 g Frischkäse
2 El Limettensaft
Salz
Pfeffer
Chiliflocken nach Belieben

Die Avocados schälen und entkernen. Das Fruchtfleisch zusammen mit dem Frischkäse und dem Limettensaft in den Mixtopf geben und alles **20 Sekunden/Stufe 5** vermengen. Mit Salz und Pfeffer abschmecken. Den Dip mit Chiliflocken garniert servieren.

Tipp!

Der Dip passt ganz hervorragend zu Nachos, Tortillas, Tacos, Taco Chips und Baguette.

Für ca. 6 Portionen
Pro Portion ca. 181 kcal/758 kJ 9 g E, 15 g F, 2 g KH
leicht
Zubereitung: 10 Min.

Scharfer Käse-Dip

100 g Cheddar
100 g mittelalter Gouda
1 kleine Zwiebel
1 El Öl
80 g Milch
50 g Sahne
1 Tl Senf
3 Spritzer Tabasco
Salz
Pfeffer
6 milde, eingelegte Peperoni
Koriander zum Garnieren nach Belieben

Cheddar und Gouda entrinden und **10 Sekunden/Stufe 5** zerkleinern. Umfüllen und den Mixtopf reinigen.

Die Zwiebel schälen. **5 Sekunden/Stufe 5** zerkleinern, dann mit dem Spatel herunterschieben. Zusammen mit dem Öl **3 Minuten/Varoma/Stufe 1 ohne eingesetzten Messbecher** dünsten. Käse mit Milch und Sahne hinzufügen und **3 Minuten/100 °C/Stufe 1** schmelzen. Senf hinzufügen und **20 Sekunden/Stufe 3** unterrühren. Den Dip pikant mit Tabasco, Salz und Pfeffer abschmecken.

Peperoni abtropfen lassen, dann in dünne Ringe schneiden. Den Dip mit Peperoni und mit Koriander garniert servieren.

Für ca. 8 Portionen

Pro Portion ca. 71 kcal/299 kJ
2 g E, 4 g F, 7 g KH

leicht

Zubereitung: 35 Min.

Möhren-Hummus

- 400 g Möhren
- 1 Knoblauchzehe
- 120 g Kichererbsen aus der Dose
- 1 Tl Tahin (Sesampaste)
- Saft von 1/2 Zitrone
- 2 El Olivenöl
- Salz
- Pfeffer
- Cayennepfeffer
- 1 El Sesam
- 1 Tl Petersilie

500 g Wasser in den Mixtopf füllen. Den Gareinsatz einhängen. Die Möhren waschen, schälen, putzen und vierteln. In den Gareinsatz geben und **25 Minuten/Varoma/Stufe 2** garen. Den Gareinsatz herausnehmen. Die Möhren abkühlen lassen. Den Mixtopf reinigen.

Knoblauch schälen und halbieren. **12 Sekunden/Turbomodus** zerkleinern. Mit dem Spatel herunterschieben. Kichererbsen, Tahin, Zitronensaft und Olivenöl dazugeben und alles **30 Sekunden/Stufe 7** pürieren. Mit Salz, Pfeffer und Cayennepfeffer abschmecken.

Sesam in einer Pfanne ohne Fettzugabe leicht anrösten. Petersilie waschen, trocken schütteln und grob hacken. Hummus mit Sesam und Petersilie garniert servieren.

Für ca. 6 Portionen
Pro Portion ca. 132 kcal/554 kJ
2 g E, 13 g F, 3 g KH
leicht
Zubereitung: 30 Min.

Zwiebel-Joghurt-Dip

2 mittelgroße Zwiebeln
2 Knoblauchzehen
30 g Butter
1 Tl Zucker
200 g griechischer Joghurt
100 g Crème fraîche
1–2 Tl Worcestershire-Sauce
Salz
Pfeffer
Schnittlauchröllchen zum Garnieren

Zwiebeln und Knoblauch schälen. Die Zwiebeln vierteln und **6 Sekunden/Stufe 4** grob zerkleinern. Die Butter mit dem Zucker in einer Pfanne schmelzen, die Zwiebeln hinzufügen und bei mittlerer Hitze ca. 20 Minuten goldbraun karamellisieren.

Den Knoblauch in den Mixtopf geben und **2 Sekunden/Turbomodus** zerkleinern. Etwa 1 Minute vor Ende der Garzeit mit zu den Zwiebeln geben und kurz mitgaren lassen. Abkühlen lassen.

Joghurt, Crème fraîche, Worcestershire-Sauce und die karamellisierte Zwiebel-Knoblauch-Mischung in den Mixtopf geben und **20 Sekunden/Stufe 3** verrühren. Den Dip mit Salz und Pfeffer abschmecken. Mit Schnittlauchröllchen garniert servieren.

Tipp

Wenn es einmal besonders schnell gehen soll, können Sie auch ersatzweise fertige Röstzwiebeln verwenden. Diese werden dann zusammen mit dem in Butter angebratenen Knoblauch mit Joghurt, Crème fraîche und Worcestershire-Sauce verrührt.

Für ca. 6 Portionen
Pro Portion ca. 256 kcal/1074 kJ
8 g E, 25 g F, 2 g KH
leicht
Zubereitung: 15 Min.

Roquefort-Walnuss-Dip

50 g Walnusskerne
75 g Roquefort
1/2 Schalotte
200 g Doppelrahm-Frischkäse
75 g Schmand
Salz
Pfeffer
Walnusskerne zum Garnieren

Die Walnusskerne in einer Pfanne ohne Fett rösten, bis sie leicht durften. Dann in den Mixtopf geben und **3 Sekunden/Stufe 5** zerkleinern. Umfüllen. Den Roquefort **3 Sekunden/Stufe 3** zerkleinern, dann ebenfalls umfüllen.

Die Schalotte schälen und halbieren. **5 Sekunden/Stufe 5** zerkleinern, dann mit dem Spatel herunterschieben. Frischkäse, Schmand, Walnüsse und Roquefort dazugeben und alles **15 Sekunden/Linkslauf/Stufe 1** vermischen. Den Dip mit Salz und Pfeffer abschmecken. Bis zum Servieren kalt stellen. Mit Walnusskernen garniert servieren.

Für ca. 6 Portionen
Pro Portion ca. 207 kcal/866 kJ
7 g E, 19 g F, 2 g KH
leicht
Zubereitung: 10 Min.

Tomaten-Basilikum-Dip

60 g in Öl eingelegte, getrocknete Tomaten
25 Blätter Basilikum
200 g Frischkäse
50 g Fetakäse
50 g Pinienkerne
Basilikum zum Garnieren

Die eingelegten Tomaten in einem Sieb abtropfen lassen. Zusammen mit dem Basilikum in den Mixtopf geben. **5 Sekunden/Stufe 7** zerkleinern (ggf. mit dem Spatel nach unten schieben und nochmals **1–3 Sekunden/Stufe 7** zerkleinern). Frischkäse und Fetakäse hinzufügen und **20 Sekunden/Stufe 4** vermengen.

Die Pinienkerne in einer Pfanne ohne Fettzugabe rösten, dann abkühlen lassen. Den Dip mit Pinienkernen und Basilikum garniert servieren.

Für ca. 8 Portionen

Pro Portion ca. 254 kcal/1061 kJ
0 g E, 26 g F, 5 g KH

leicht

Zubereitung: 15 Min.
(plus Garzeit)

Rotwein-Sherry-Butter

- 3 Pimentkörner
- 10 schwarze Pfefferkörner
- 1 1/2 Tl getrockneter Thymian
- 2 Tl Salz
- 3 Schalotten
- 1 Knoblauchzehe
- 250 g Butter
- 220 g Rotwein
- 100 g Sherry
- 2 El Balsamico
- 4 Tl Honig

Piment, Pfeffer, Thymian und Salz in den Mixtopf geben und alles **20 Sekunden/Stufe 10** pulverisieren. Anschließend umfüllen. Den Mixtopf reinigen.

Schalotten und Knoblauch schälen. Schalotten in Stücke schneiden und mit dem Knoblauch im Mixtopf **1 Sekunde/Turbomodus** zerkleinern. Mit dem Spatel herunterschieben. Etwa 1 El Butter zugeben. **8 Minuten/120 °C/Stufe 1** dünsten.

Rotwein, Sherry, Balsamico, Honig und die Gewürze zugeben und **5 Sekunden/Stufe 3** mischen. Dann **60 Minuten/100 °C/Stufe 2** einkochen lassen, bis eine sirupartige Masse entstanden ist (Kochzeit ggf. verlängern).

Die Masse im Mixtopf auf Zimmertemperatur abkühlen lassen. Die restliche Butter in Stücken zufügen und **20 Sekunden/Stufe 4** unterrühren. Die Butter bis zum Servieren im Kühlschrank kalt stellen.

Süßes

Der krönende Abschluss jeden Buffets: köstliche Schichtdesserts und verführerisches Gebäck. Zuckersüß!

Für ca. 16 Stück
Pro Stück ca. 179 kcal/748 kJ
6 g E, 8 g F, 21 g KH
mittel
Zubereitung: 40 Min.
(plus Ruhe- und Kühlzeit)

Pfannkuchenröllchen
mit Erdbeeren und Ricotta

300 g Mehl
3 Eier (Größe L)
375 g Milch
4 El Zucker
Salz
60 g dunkle Schokolade
15 Erdbeeren
4 El Sonnenblumenöl
250 g Ricotta
3 Msp. gemahlene Vanille

Mehl, Eier, Milch, 1 Esslöffel Zucker und 1 Prise Salz **50 Sekunden/Stufe 3.5** mixen. Den Teig in eine Schüssel umfüllen und 10 Minuten ruhen lassen. Den Mixtopf reinigen.

Die Schokolade in Stücke brechen und **4–7 Sekunden/Stufe 7** zerkleinern (je nach gewünschter Feinheit und Härte der Schokolade). Die Erdbeeren waschen und die Stielansätze herausschneiden, dann in hauchdünne Scheiben schneiden.

Aus dem Teig mit jeweils 1 Esslöffel Öl in einer beschichteten Pfanne nacheinander 4 Pfannkuchen ausbacken und abkühlen lassen.

Ricotta mit restlichem Zucker und Vanille verrühren und die Pfannkuchen gleichmäßig damit bestreichen. Erdbeerscheiben und Schokoraspel darauf verteilen. Die Pfannkuchen fest und gleichmäßig aufrollen. 15 Minuten in den Kühlschrank legen, dann in 1,5–2 cm dicke Scheiben schneiden.

Für 4–6 Portionen
Pro Portion ca. 351 kcal/1468 kJ
5 g E, 28 g F, 21 g KH
leicht
Zubereitung: 10 Min.

Weiße Schokocreme mit Himbeerpüree

2 El Zucker
125 g Himbeeren
Saft von 1/2 Zitrone
100 g weiße Schokolade
250 g Mascarpone
150 g Joghurt
3 Msp. gemahlene Vanille
Himbeeren und Minze zum Garnieren

Den Zucker **10 Sekunden/Stufe 10** zu Puderzucker zerkleinern. Mit dem Spatel herunterschieben. Die Himbeeren vorsichtig waschen und trocken tupfen. Zusammen mit dem Zitronensaft in den Mixtopf geben und **30 Sekunden/Stufe 7** pürieren. Umfüllen. Den Mixtopf reinigen.

Die weiße Schokolade in Stücke brechen und **5 Minuten/50 °C/Stufe 2** schmelzen. Mascarpone, Joghurt und Vanille hinzufügen und alles **40 Sekunden/Stufe 4** verrühren.

Die Creme in Gläschen füllen, das Himbeerpüree darauf verteilen. Mit je 1 Himbeere und etwas Minze garniert servieren.

Für 6–8 Portionen
Pro Portion ca. 375 kcal/1570 kJ
13 g E, 17 g F, 43 g KH
leicht
Zubereitung: 15 Min.

Mango-Schichtdessert mit Keksboden

160 g Butterkekse
2 Mangos
500 g Quark
300 g Sahne
90 g Zucker
Mark von 1 Vanilleschote

Die Kekse **4–6 Sekunden/Stufe 4** grob zerkleinern, dann umfüllen. Die Mangos schälen und den Kern entfernen. Das Fruchtfleisch **3 Sekunden/Stufe 5** zerkleinern. Ebenfalls umfüllen. Den Mixtopf reinigen.

Quark, Sahne, Zucker und Vanillemark in den Mixtopf geben und alles **20 Sekunden/Stufe 7** cremig rühren. Zum Servieren Kekskrümel, Quarkcreme und Mangopüree schichtweise in Gläschen füllen.

Tipp

Für das Dessert können Sie je nach Geschmack auch andere trockene Kekse wie Amarettini oder Shortbread verwenden. Das Dessert schmeckt auch wunderbar mit Erdbeeren oder Heidelbeeren!

Für 35–40 Stück

Pro Stück ca. 127 kcal/531 kJ
3 g E, 6 g F, 13 g KH

mittel

Zubereitung: 35 Min.
(plus Backzeit und Zeit zum Abkühlen)

Schneebälle

Für den Biskuitteig
7 Eier
200 g Zucker
200 g Mehl
1 Prise Salz

Für die Creme
400 g Sahne
250 g Quark
200 g Schmand bzw. Sauerrahm
50 g Zucker
Mark von 1 Vanilleschote
120 g Amaretto

Außerdem
Kokosflocken zum Verzieren

Den Backofen auf 175 °C vorheizen. Ein Backblech mit Backpapier auslegen. Für den Teig den **Rühraufsatz einsetzen**. Eier und Zucker einfüllen und **6 Minuten/37 °C/Stufe 4** verrühren. Anschließend **ohne Temperatur 7 Minuten/Stufe 4** weiterrühren. Mehl und Salz gleichmäßig um den Rühraufsatz herum einfüllen. **5 Sekunden/Stufe 3** unterheben. Den **Rühraufsatz entfernen** und das Mehl mit dem Spatel weiter vorsichtig unterrühren.

Den Teig auf dem Backblech verstreichen und ca. 30 Minuten backen. Nach dem Backen vom Backpapier lösen und auf einem Kuchengitter komplett auskühlen lassen. Einen Teil des abgekühlten Biskuits in Stücken in den gereinigten Mixtopf geben. **50 Sekunden/Stufe 6** zerkrümeln und dabei den restlichen Biskuit in Stücken zugeben. Anschließend umfüllen. Den Mixtopf reinigen.

Für die Creme den **Rühraufsatz einsetzen**. Alle Zutaten in den Mixtopf geben und **40 Sekunden/Stufe 5** cremig rühren. Die Creme und die Biskuitkrümel in eine Schüssel füllen und vermengen. Aus der Masse 3–4 cm große Kugeln formen und diese in Kokosflocken wälzen.

Tipp!
Den Biskuitteig am besten schon am Vortag vorbereiten – so hat er genug Zeit zum Abkühlen!

Für 8 Portionen

Pro Portion ca. 395 kcal/1655 kJ
6 g E, 33 g F, 17 g KH

leicht

Zubereitung: 30 Min.
(plus Kühlzeit)

Cheesecake im Glas
mit Blaubeeren

Für den Keksboden
100 g Cantuccini
50 g Butter

Für den Blaubeerspiegel
200 g frische oder gefrorene Blaubeeren
2 Tl Zucker
Saft von 1/2 Zitrone
1 Tl Speisestärke

Für die Frischkäsecreme
300 g Sahne
Saft und abgeriebene Schale von 1 unbehandelten Zitrone
4 El Zucker
300 g Doppelrahm-Frischkäse
4 Msp. gemahlene Vanille

Außerdem
Minzeblättchen zum Garnieren

Für den Keksboden die Cantuccini **10 Sekunden/Stufe 10** zerkleinern. Die Butter hinzufügen und **4 Minuten/100 °C/Stufe 2** erhitzen. Umfüllen und vollständig abkühlen lassen. Den Mixtopf reinigen.

Für den Blaubeerspiegel alle Zutaten mit 50 g Wasser **5 Minuten/100 °C/Stufe 1** garen. Umfüllen und vollständig erkalten lassen. Den Mixtopf reinigen.

Für die Frischkäsecreme den **Rühraufsatz einsetzen**. Die Sahne einwiegen und **Stufe 3 auf Sicht** aufschlagen. Die Sahne umfüllen. Die restlichen Zutaten für die Creme in den Mixtopf geben und **20 Sekunden/Stufe 3** verrühren. Die Sahne hinzufügen und **15 Sekunden/Stufe 3** unterrühren.

Zum Servieren Kekskrümelmasse, Frischkäsecreme und Blaubeersauce dekorativ in 8 Gläschen à 120–180 ml schichten, dann einige Stunden kaltstellen. Mit Minze garniert servieren.

Für 8 Stück

Pro Stück ca. 285 kcal/1191 kJ
6 g E, 20 g F, 20 g KH

mittel

Zubereitung: 20 Min.
(plus Back- und Abkühlzeit)

Hörnchen mit Blaubeerfüllung

1 Eigelb
1 El Milch
1 Packung Blätterteig (FP)
100 g Blaubeeren
200 g Mascarpone
100 g Quark
30 g Zucker
Puderzucker nach Belieben
Fett für die Formen

Den Backofen auf 200 °C vorheizen. Ein Backblech mit Backpapier belegen. Das Eigelb mit der Milch verrühren. Den Blätterteig längs in 8 etwa gleich breite Streifen schneiden. Je einen Streifen um eine gefettete Schillerlockenform wickeln und anschließend mit dem Eigelb dünn bestreichen. Die Hörnchen auf das Backblech legen und 12 Minuten backen. Nach dem Backen möglichst schnell von den Formen lösen und auf einem Kuchengitter auskühlen lassen.

Für die Füllung die Blaubeeren waschen und trocken tupfen. Zusammen mit Mascarpone, Quark und Zucker in den Mixtopf geben und **40 Sekunden/Stufe 5** verrühren. Die Masse in einen Spritzbeutel füllen und die Hörnchen damit füllen. Mit Puderzucker bestäubt servieren.

Tipp

Wer sich nicht extra spezielle Schillerlockenformen anschaffen möchte, kann sich aus herkömmlicher Alufolie selbst Formen basteln. Dazu eine entsprechende Menge Alufolie grob zusammenknüllen und in die entsprechende Form bringen. Mit etwas Folie umwickeln, so dass eine glatte Oberfläche entsteht. Einfetten nicht vergessen!

Für 8 Portionen | Pro Portion ca. 364 kcal/1524 kJ 3 g E, 31 g F, 18 g KH | mittel | Zubereitung: 45 Min.

Schwarzwälder-Kirsch im Glas

Für die Mascarponecreme

abgeriebene Schale von 1 unbehandelten Orange
4 El Zucker
400 g Sahne
200 g Mascarpone
20 g Orangensaft
4 Msp. gemahlene Vanille

Für das Kirschkompott

40 g Kirschen
2–3 El Zucker
Saft von 1 Orange
2 Tl Speisestärke

Für die Schokosauce

40 g dunkle Schokolade
30 g Sahne
1 El heller Zuckersirup oder Agavensirup
1 El Zucker
1 El Kakao
2 Msp. Salz
50 g Espresso
15 g Butter
2 Msp. gemahlene Vanille

Zum Garnieren

1 El Mandelblättchen

Für die Mascarponecreme die Orangenschale mit dem Zucker **10 Sekunden/Stufe 10** zerkleinern, anschließend umfüllen. Den **Rühraufsatz einsetzen.** Die Sahne einwiegen und **Stufe 3 auf Sicht** aufschlagen. Ebenfalls umfüllen. Den Mixtopf reinigen. Mascarpone mit Orangensaft, Vanille und dem Orangenzucker **20 Sekunden/Stufe 3** cremig rühren. 2/3 der Sahne dazugeben und **20 Sekunden/Stufe 3** verrühren. Umfüllen. Die restliche Sahne in einen Spritzbeutel füllen. Beide Massen kühl stellen. Den Mixtopf reinigen. Den **Rühraufsatz entfernen.**

Für das Kompott die Kirschen mit Zucker, Orangensaft und Stärke **5 Minuten/100 °C/Linkslauf/Stufe 0.5** garen. Kompott umfüllen und abkühlen lassen. Den Mixtopf reinigen.

Für die Schokosauce die Schokolade **5 Minuten/Stufe 5** zerkleinern und **4 Minuten/50 °C/Stufe 1** schmelzen. Umfüllen. Die restlichen Zutaten in den Mixtopf geben und alles **4 Minuten/100 °C/Stufe 1** erhitzen, anschließend auf 50 °C abkühlen lassen. Die gehackte Schokolade hinzufügen und **30 Sekunden/Stufe 3** unterrühren. Die Schokosauce in eine Schüssel füllen.

Die Mandeln in einer Pfanne ohne Fettzugabe einige Minuten goldbraun rösten. Jeweils etwas Schokosauce auf den Boden von 8 Gläschen à ca. 130 ml geben und die Mascarponecreme gleichmäßig darauf verteilen. Das Kirschkompott vorsichtig auf die Creme löffeln. Mit Sahnetuffs, Schokosauce und Mandeln garnieren.

Für 10 Stück

Pro Stück ca. 227 kcal/950 kJ
3 g E, 9 g F, 44 g KH

mittel

Zubereitung: 30 Min.
(plus Backzeit)

Mini-Pavlovas

Für das Baiser
280 g Zucker
3 Eiweiß
Salz

Für die Nougatsahne
120 g Nussnougat
150 g Sahne

Außerdem
frische Beeren nach Belieben
Kakaopulver zum Bestäuben

Den Backofen auf 110 °C vorheizen. Ein Backblech mit Backpapier belegen. Für das Baiser den Zucker **10 Sekunden/Stufe 10** zu Puderzucker zerkleinern, anschließend einige Minuten setzen lassen, dann mit dem Spatel herunterschieben. Eiweiß und 1 Prise Salz hinzufügen und **8 Minuten/37 °C/Stufe 3.5** rühren. Die Baisermasse in einen Spritzbeutel füllen. Den Mixtopf reinigen.

Mithilfe des Spritzbeutels 10 Pavlovas auf das Backblech spritzen. Dabei zuerst eine flache Schnecke von etwa 6 cm Durchmesser aufspritzen, dann einen Rand ringsherum spritzen, sodass kleine Nester entstehen. Die Baisers 60–90 Minuten backen (je nach gewünschter Konsistenz). Nach dem Backen vollständig auskühlen lassen.

Für die Nougatsahne den Nougat in kleine Stücke schneiden und **5 Minuten/50 °C/Stufe 1** schmelzen. In eine große Schüssel füllen und auf Zimmertemperatur abkühlen lassen. Die Sahne sehr steif schlagen. Mit einem Spatel 3 Esslöffel Schlagsahne in das noch flüssige Nougat rühren. Weitere 3 Esslöffel vorsichtig, aber zügig unterheben. Die restliche Sahne vollständig unterheben. Je einen Klecks Nougatsahne auf die Baisers setzen. Die Pavlovas mit Beeren und Kakaopulver bestäubt servieren.

Tipp

Um sicherzugehen, dass die Baisers die gewünschte Konsistenz haben, backen Sie noch einen kleinen Probe-Baiser mit und prüfen Sie nach ca. 60 Minuten daran den Gargrad.

Partydrinks

Keine Party ohne Drinks:
Strawberry Daiquiri, Coconut Kiss & Co.
sind echte Stimmungskanonen!

Für ca. 2 Liter (ca. 10 Portionen)
Pro Portion ca. 144 kcal/602 kJ
1 g E, 0 g F, 22 g KH
leicht
Zubereitung: 15 Min.

Wassermelonen-Limo mit Wodka

100 g Zucker
1,4 kg Wassermelonenfruchtfleisch ohne Kerne
100 g Zitronensaft
ca. 400 g Mineralwasser mit Kohlensäure
Wodka nach Belieben
Crushed Ice
Minzeblättchen zum Garnieren

Für den Läuterzucker Zucker mit 100 g Wasser **5 Minuten/100 °C/ Stufe 1** kochen, dann umfüllen und vollständig abkühlen lassen. Den Mixtopf reinigen.

Das Melonenfruchtfleisch in Stücke schneiden und mit dem Zitronensaft **30 Sekunden/Stufe 7** pürieren, anschließend durch ein Sieb streichen.

Das Mineralwasser dazugeben und die Limo ganz nach Geschmack mit dem Läuterzucker abschmecken. Nach Belieben Wodka dazugeben. Die Limonade mit Crushed Ice und mit Minze garniert servieren.

Tipp

Läuterzucker ist eine Zucker-Wasser-Lösung, die durch Kochen klar wird. Er sorgt für die nötige Süße und außerdem für eine schöne Cremigkeit!

Für ca. 1 Liter (ca. 10 Portionen)
Pro Portion ca. 142 kcal/595 kJ
0 g E, 0 g F, 20 g KH
leicht
Zubereitung: 5 Min.

Mango Limes

2 Mangos
120 g Zucker
120 g Limettensaft
230 g Wodka

Die Mangos schälen, putzen und das Fruchtfleisch in Stücke schneiden. Zusammen mit Zucker, Limettensaft und Wodka in den Mixtopf geben. **20 Sekunden/Stufe 10** pürieren.

Für ca. 1 Liter (ca. 6 Portionen)
Pro Portion ca. 232 kcal/970 kJ
3 g E, 15 g F, 20 g KH
leicht
Zubereitung: 10 Min.

Coconut Kiss

300 g Ananas
300 g Kokosmilch
200 g Orangensaft
100 g Ananassaft
70 g Zuckersirup
Ananas zum Garnieren

Die Ananas schälen, putzen und in Stücke schneiden. Zusammen mit Kokosmilch, Orangensaft, Ananassaft und Zuckersirup in den Mixtopf geben. **20 Sekunden/Stufe 10** pürieren. Den Cocktail nach Belieben mit Ananas garniert servieren.

Tipp!
Wenn Sie keine frische Ananas bekommen, können Sie den Cocktail alternativ auch mit Ananas aus der Dose zubereiten.

Für ca. 800 ml (ca. 12 Portionen)

Pro Portion ca. 170 kcal/712 kJ
2 g E, 9 g F, 13 g KH

leicht

Zubereitung: 15 Min.

Orangen-Eierlikör

1 unbehandelte Orange
140 g Zucker
1 Vanilleschote
250 g Sahne
4 frische Eigelb (Größe L)
175 g Weinbrand

Die Schale der Orange fein abreiben. Den Saft auspressen, 75 g abmessen und beiseitestellen. Den Orangenabrieb mit dem Zucker **15 Sekunden/ Stufe 10** pulverisieren. Umfüllen und ebenfalls beiseitestellen.

Die Vanilleschote längs aufschlitzen und das Mark herauskratzen. Schote und Mark zusammen mit der Sahne in den Mixtopf geben. **3 Minuten/ 98 °C/Stufe 1** erhitzen, dann umfüllen und auf Raumtemperatur abkühlen lassen.

Abgekühlte Vanillesahne, Orangenzucker, Orangensaft und Eigelb in den Mixtopf geben und **11 Minuten/75 °C/Stufe 4** garen. Den Weinbrand **20 Sekunden/Stufe 3** unterrühren. Die Vanilleschote entfernen und den Eierlikör noch heiß in ein verschließbares, sterilisiertes Gefäß füllen. Den Eierlikör bis zum Servieren im Kühlschrank aufbewahren.

Tipp

Die einfachste Methode zum Sterilisieren von Glasgefäßen ist, die Gläser samt Deckel bei 180 °C für 15 Minuten in den vorgeheizten Backofen zu schieben. Durch die Hitze werden alle Keime abgetötet. Sie können die Gläser und Deckel auch in einen großen Topf mit Wasser legen, dieses zum Kochen bringen und die Gläser darin ca. 5 Minuten kochen, dann bis zur Verwendung im heißen Wasser liegen lassen. Ganz einfach ist es auch, die Gläser etwa bis zur Hälfte mit heißem Wasser zu füllen und in der Mikrowelle bei 600 Watt zu erhitzen, bis das Wasser kurz kocht.

Für ca. 1 Liter (ca. 6 Portionen)
Pro Portion ca. 190 kcal/795 kJ
1 g E, 0 g F, 25 g KH
leicht
Zubereitung: 15 Min.

Pfirsich-Sekt-Cocktail

6 weiße Pfirsiche
6 El Zitronensaft
30 g Zucker
1 Flasche Sekt (0,75 l)

Die Pfirsiche waschen, schälen und entkernen. Das Fruchtfleisch in Stücke schneiden. Zusammen mit dem Zitronensaft und dem Zucker in den Mixtopf geben und alles **20 Sekunden/Stufe 10** pürieren. Bis zur weiteren Verwendung kalt stellen.

Zum Servieren das Pfirsichpüree auf Sektgläser verteilen und mit kaltem Sekt aufgießen. Vorsichtig verrühren.

Tipp

Statt frischen Pfirsichen können auch Früchte aus der Dose verwendet werden. Da diese meist gezuckert sind, muss dann kein weiterer Zucker zugesetzt werden.

Für ca. 800 ml (ca. 5 Portionen)
Pro Portion ca. 208 kcal/870 kJ
1 g E, 0 g F, 27 g KH
leicht
Zubereitung: 10 Min.

Strawberry Daiquiri

400 g Erdbeeren (TK)
180 g weißer Rum
100 g Limettensaft
100 g Zuckersirup
300 g Eiswürfel

Alle Zutaten in den Mixtopf geben und **10 Sekunden/Stufe 9** pürieren. Mit dem Spatel herunterschieben. Den Vorgang bis zur gewünschten Konsistenz wiederholen.

Den Strawberry Daiquiri in Gläser füllen und sofort servieren.

Für ca. 800 ml (ca. 5 Portionen)
Pro Portion ca. 112 kcal/468 kJ
2 g E, 0 g F, 10 g KH
leicht
Zubereitung: 5 Min.
(plus Gefrierzeit)

Brombeer-Cooler
mit Gin

- 260 g Brombeeren
- 30 g Zitronensaft
- 100 g Himbeersirup
- 8 cl Gin
- Crushed Ice
- sehr kaltes Mineralwasser
- Brombeeren und Minzeblättchen zum Garnieren

Die Brombeeren mehrere Stunden, am besten über Nacht, einfrieren. Beeren, Zitronensaft, Himbeersirup, Gin und 100 g Wasser **1 Minute/ Stufe 5** mixen.

Das Crushed Ice in Longdrinkgläser füllen und die eiskalte Beerenmischung darübergießen. Nach Belieben mit Mineralwasser aufgießen. Den Brombeer-Cooler mit Brombeeren und Minze garniert servieren.

Tipp
Statt Himbeersirup darf es auch anderer Fruchtsirup sein und statt Brombeeren können auch Himbeeren oder Erdbeeren verwendet werden. Den Gin können Sie nach Belieben durch Wodka ersetzen. Wenn Kinder dabei sind, lassen Sie den Alkohol einfach weg.

Für 1,5–2,5 Liter (ca. 10 Portionen)
Pro Portion ca. 48 kcal/200 kJ
0 g E, 0 g F, 9 g KH
leicht
Zubereitung: 20 Min.
(plus Zeit zum Abkühlen)

Himbeer-Limonade
mit Minze

500 g Himbeeren
Saft von 1 Zitrone
70 g Zucker
5 Minzezweige
1–2 l Mineralwasser mit Kohlensäure
Crushed Ice
Minzeblättchen zum Garnieren

Die Himbeeren vorsichtig waschen und verlesen. Dann mit Zitronensaft und Zucker **6 Minuten/100 °C/Stufe 1** garen. Die Minzezweige waschen und trocken schütteln, dann in die heiße Flüssigkeit legen und 10 Minuten darin ziehen lassen. Die Flüssigkeit durch ein Sieb streichen und vollständig abkühlen lassen.

Das Himbeerpüree mit kohlensäurehaltigem Mineralwasser auffüllen. Die Himbeer-Limonade mit Crushed Ice und mit Minze garniert servieren.

Tipp!
Sollten Sie keine frischen Himbeeren bekommen, können Sie die Limonade auch mit tiefgefrorenen Himbeeren zubereiten.

Rezeptverzeichnis